바람이 꽃밭을 지나오면

글·사진 문윤정

지족을 가르쳐 준 선지식들

　산사로 가는 길은 즐겁다. 직선이 아닌 곡선이라 마음마저 둥글어지는 느낌이다. 구불구불한 길을 걷다보면 낮게 엎드린 꽃다지, 제비꽃도 만나고 딱따구리의 나무 쪼는 소리며, 뻐꾸기, 휘파람새 울음소리도 듣는다. 물이 물을 만나 어깨동무하는 것도 보고, 바람이 바람을 만나러 가는 것도 본다.

　산사는 아름다운 자연과 더불어 마음의 등불 높이 켜고 중생들을 기다리는 선지식들이 계시기에 마음의 고향 같다. 행여나 마음 다친 이들이 올까, 삶에 지친 이들이 올까 기다리는 스님들이 계시기에 산사로 가는 발걸음은 가볍다.

　우리 사회의 지표가 되고 지남이 되는 선지식 스물한 분을 모셨다. 출가자로서 치열하게 수행에 수행을 더하신 분들이라 스님들의 말씀 한마디 한마디는 가뭄 속에 내리는 단비와도 같았다. 생의 긴 여로에서 길을 잃고 방황하는 우리들에게 길을 제시하는 선지식들의 셈법은 달랐다. 빠름이 아닌 느림을, 풍족이 아닌 지족을 가르쳐 주었다. 21세기를 사는 현대인들에게 더욱 더 필요한 가르침이다.

운문사 명성 스님을 인터뷰하던 기억이 선명하다. 수백 명의 대중이 사는데도 도량 전체가 어디 하나 흐트러짐 없이 정갈하고 모든 것이 제자리를 지키고 있었다. 그 한가운데 명성 스님이 계시는 것이다. 첩첩산중의 작은 절을 한국 제일의 비구니도량이요 최고의 승가대학으로 만들어 놓았으니 그 원력이 얼마나 큰지를 알 수 있다. 한 사람의 원력이 세상을 바꾸어놓을 수 있음을 실감했다.

　　산중에 숨어사시는 도현 스님을 뵐 수 있었던 것도 큰 복이다. 지리산 한 귀퉁이에 3평짜리 오두막집을 짓고 사시는 스님은 누구보다도 부자로 살고 있었다. 3평의 오두막집은 법당이요 스님의 생활공간이기도 하다. 누워서 만세도 제대로 부를 수 없는 좁은 공간이지만 지리산을 마당삼아 철따라 바뀌는 풍광을 병풍삼아 한유를 즐기신다. 도현스님은 "살아가면 살아갈수록 자유로워지는 게 중의 멋"이라 했다.

　　여기 모신 스님들의 수행 방식은 다양하다. 참선수행하시는 스님, 절수행하시는 스님, 사경을 수행으로 삼는 스님, 평생을 기도로 일관해 오신 스님, 간경을 수행으로 삼는 스님 등 수행과 정진의 방법은 다르지만 깨달음을 향한 목표는 같다. 스님들의 수행과 깨달음은 곧 중생들의 깨달음으로 회향되고 있다. 스님들께서는 수행의 방식에 우열이 있을 수 없다면서 자신이 정한 한 가지를 꾸준히 쉬지 않고 정진하는 길만이 탐진치에서 벗어나는 길이라 했다.

　스님들께 이 힘들고 팍팍한 세상을 헤쳐 나갈 수 있는 지혜를 구하고 싶었다. 지안 스님은 "살아가는 인간의 의지는 무한하여, 어려움이 올 때 자기의 능력을 발휘할 수 있다."는 말씀과 함께 "인욕정신을 발휘하여 최악의 절망상태에서 최대의 희망을 찾는 것이 불교"라고 했다. 이러한 선지식들의 향훈이 바람 따라 길 따라 널리 퍼졌으면 좋겠다.

　무딘 글솜씨로 높은 법문 다 녹여내지 못했음에 스님들께 송구스럽게 생각한다. 다시 한 번 귀한 시간 내 주신 스님들께 감사의 예를 올린다. 청복淸福을 누릴 수 있는 자리를 마련해 준 현대불교신문에 감사드리며, 어줍은 글들을 책으로 엮어 준 우리출판사에도 감사를 드린다.

　　매화 가지의 한 송이 흰 꽃은 족히 천하에 봄을 알리고
　　오동잎 하나 떨어지면 천하에 가을임을 알림이라.

2013년 5월
환한 봄빛 아래서
문윤정 합장

바람이 꽃밭을 지나오면

고우 스님
지혜로운 자는 자기를 없애니 / 11

대선 스님
춥고 배고플 때 도심道心이 나온다 / 25

대원 스님
화두란 현실에서 부딪치는 문제를 해결하는 것 / 39

도현 스님
소유의 삶이 아닌 순간순간 존재하는 삶이 되어야 / 51

명성 스님
기도란 복 짓는 삶을 사는 것 / 63

명정 스님
하루 종일 퍼붓는 소나기는 없다 / 79

밀운 스님
부처님처럼 행하면 그가 바로 부처님 / 91

설우 스님
진정한 발심은 회향으로 완성된다 / 105

설정 스님
막히는 데서 시작하라 / 119

성웅 스님
천배로 하루를 시작하는 이 시대의 비구승 / 135

우룡 스님
집에 있는 부처님을 먼저 모셔라 / 149

운성 스님
오늘의 일을 다음 생으로 미루지 말라 / 163

원응 스님
화엄세계에서 만나는 사경통선寫經通禪 / 175

인환 스님
원력을 세우면 욕심이 멀어진다 / 185

지묵 스님
자기를 찾아 숨어 지내는 시간을 가져라 / 201

지안 스님
종교의 역할은 자기 자리를 지키게 하는 것 / 213

지원 스님
말이 마음을 다스린다 / 231

철우 스님
경전이 들려주는 행복의 법칙 / 243

청화 스님
바람이 향기를 담으려면 / 257

현봉 스님
앞을 보면 꼴찌지만 뒤돌아보면 내가 일등 / 269

혜담 스님
본래 갖추어진 불성을 그대로 내어쓰는 참다운 기도 / 283

무한경쟁을 무한향상으로 바꾸면 삶의 가치와 의미가 달라진다.

고우 스님

1937년 성주 출생. 1961년 청암사 수도암에서 법희 스님을 은사로 득도. 관응 스님, 고봉 스님, 혼해 스님으로부터 경전을 수학했다. 봉암사, 각화사, 축서사, 묘관음사, 김용사, 용주사 등의 제방선원에서 평생을 참선수행으로 일관했다. 전국선원수좌회 공동대표, 각화사 태백선원장을 역임했다. 지금은 조계종 원로의원이며, 문수산 금봉암에 주석하고 있다.

지혜로운 자는 자기를 없애니

　파미르 총령에서 지팡이에 짚신을 매달고 걸어가는 달마 대사와 마주친 위나라의 외교사신 송운이, "스님 어디로 가십니까?" 하고 묻자, 달마 대사는 "온 곳으로 돌아가야지." 하고 답했다.

　달마 대사의 이 한마디를 깊이 참구하면 화두가 될 터이나, 온 곳조차 모르니 그 고향의 언저리라도 알고 싶어 봉화 금봉암을 찾았다. 금봉암이 자리 잡고 있는 문수산은 태백산맥의 한줄기로 산세가 기운차고 첩첩 준령이다.

　고우 스님은 17년 간의 각화사 서암의 토굴 생활을 접고 이곳에 터를 잡고 법당과 요사채를 지었다. 단청이 없는 소박한 전통 당우를 보면서 고우 스님의 인품을 짐작할 수 있었다. 고우 스님은 "이곳에서는 오로지 법회만을 열고 있는데, 부처님 당시처럼 그렇게 살림을 꾸려보고 싶다."고 했다.

　고우 스님은 선승으로도 명성이 자자하지만 금강경, 서장,

선요 등의 강의로 대중들의 인기를 모았다. 어렵고 추상적인 선불교도 스님의 입을 통하면 구체적이고 현실적인 언어가 되는 것이다. 최근에는 조계종 최초로 간화선 수행법을 정리한 책인 간화선 발간을 주도하는 등 참선 공부의 저변을 넓히는데 힘쓰고 있다.

선종에서는 '교를 버리고 선에 들어가라'捨敎入禪고 한다. 하지만 고우 스님은 평생 참선수행을 하신 분으로서 교학에 대한 중요성을 강조하고 있다. "대도는 언어에 있지 않으나 언어가 아니면 그 도를 밝힐 수 없고, 불법 진리는 배우는데 있지 않으나 배우지 않으면 이것을 밝히지 못한다."는 회산계현 선사의 말을 떠올려본다.

"참선수행은 나를 철저히 비워나가는 과정인데 비해 경전을 통한 공부는 무엇을 얻고 채워나가는 과정이라 생각하는 사람도 있어요. 그렇다면 교학은 참선에 방해가 되지 않을까요?"

이 물음에 대해 고우 스님은 이렇게 답하였다.

"자신이 무아無我임을 알고 있는 이것을 통해 바르게 실천해 나간다면 아무리 많이 알아도 상관없어요. 아는 것이 곧 지혜로 바뀌게 되기 때문입니다. 수행하는 사람 중에 가장 큰 병이 수행을 통하여 무엇인가를 얻을 것이 있다고 생각하는 것입니다. 나를 비워서 깨닫는 것이 불교공부입니다. 부처님의 가르침을 먼저 이해하지 않고 바로 수행으로 들어가는 것은 위험하다고 생각해요. 선禪은 얻어지는 것이 아니고 자신을 천천히 없애가는 과정입니다. 하지만 비운다든지 없애간다든지, 이것은 하나의 방편인 과정의 이야기이고 깨달음이라는 목적에 가면 내용이 달라집니다. 선과 교 모두가 목표는 깨달음, 즉 성불成佛임을 간과해서는 안됩니다. 옛 선사들은 과정을 이야기하기보다는 구경각이 목적인 본래면목本來面目 그 자리에서 이야기를 하기 때문에 과정에 있는 사람들이 이해하기 어려워요. 목적에 도달한 사람은 사물을 있는 그대로 보지만, 목적에 도달하지 못한 사람들은 있는 그대로 보지 못하고 사물에 자신의 욕망과 이기심을 더해서 보잖아요. 말하자면 세탁 안된 상태에서, '나'라는 의식의 때가 남아있는 상태에서 보는 것입니다."

세탁이 안된 상태에서 의식작용을 일으키는 것을 두고 중생이라 한단다. '나'가 있다는 생각이 바로 근본 더러움 혹은 '때'이니 그것을 벗겨야 하는 것이다.

"화두라는 것도 바로 '때'가 벗겨지라고 제시한 것입니다. 화두를 제시한 사람은 그 순간에 깨달으라고 준 것이지 결코 의심하라고 준 것이 아님을 알아야 해요. 그런데 화두를 받은 사람이 그 자리에서 깨닫지 못하고 알려고 노력하다보니 의심을 하게 되는 것이고 의심을 통해서 깨닫게 된 것입니다. 화두란 아주 비상한 약이지만 바로 깨닫지 못한 사람에게는 신비스러운 비상한 약이 될 수 없어요. 그래서 할 수 없이 알려고 하는 가운데 의심을 해가는 것이지. 요즈음 사람들은 의심하기 위해서 의심을 하니 공부에 진척이 없어요. 화두를 받은 순간 깨닫는 사람을 많이 봤어요. 부처님 당시에도 부처님 법문을 듣고 그 자리에서 깨달은 사람이 많은데, 그런 사람들은 믿음이 강했기 때문에 가능한 일이었지요."

화두를 알려고 하는 간절한 마음 그 밑바탕에는 깨닫겠다는 굳은 결심이 있어야만이 화두에 대한 의심이 저절로 생기는 것이다. 고우 스님은 화두에 대한 그릇된 생각을 깨우쳐 주었다. 바른 신심이란 부처님의 가르침을 정확히 이해하고 믿는 것이란다. 부처님은 깨달음의 내용을 한평생 설법하신 분으로 팔만대장경은 바로 부처님의 깨달음의 내용을 모아 둔 것이다. 고우 스님은 팔만대장경을 한마디로 압축한다면 바로 공空이라 한다. 공은 곧 무아無我이다.

"불자들이 가장 많이 독송하는 반야심경은 '조견오온개공 도일체고액'照見五蘊皆空 度一切苦厄으로 시작되잖아요. '형상 지어진 것은 유정·무정 모두 색色인데, 그 색이 공空한 것을 알게 된다면 일체 고통에서 벗어난다.'는 이것이 부처님 가르침의 핵심입니다. '오온개공'을 생로병사에 대입을 하면 태어나는 것도 공이요, 성장하는 것도 공이요, 늙고 병드는 것도 공이요, 죽음 그 자체도 공입니다. 조사 스님들이 즐겨 들던 비유를 하나 들까요? 시골에 가면 가마니, 짚신, 새끼줄, 멍석이 있는데, 모양새는 달라도 그 재료는 전부다 짚으로 되어 있어요. 재료는 하나이지만, 새끼줄이 되었다가 멍석이 되었다가 가마니가 되었다가 하잖아요. 이 짚이 바로 공空입니다. 매순간이 그대로 공이요 무아입니다. 연기緣起이기 때문에 공이요, 무아인 것입니다."

고우 스님은 '형상이 있거나 형상이 없거나 모든 것은 연기로써 존재하고 있다.'는 부처님의 말씀을 강조했다. 연기를 이해하면 불교를 이해하게 되고 우리의 존재원리를 이해하게 되고, 나아가서는 내가 본래의 그 자리, '본래부처'임을 알게 된다고 했다. 불자들이 부처님의 가르침을 배우는 것은 '내가 있다'는 착각을 깨고 '본래 부처'라는 것을 체험하기 위해서란다.

연기법이 거창한 것 같지만, '이 세상 어떤 것도 홀로 독립된 것은 없다.'는 것이 그 핵심이다. 고우 스님은 '우리 몸은 지수화풍 사대로 구성되어 있는데, 우리의 육신은 원자가 복잡하게 얽혀 있는 원자덩어리에 불과한 것'이라 했다. 물론 모든 물질은 원자로 이루어져 있다. 원자는 양성자와 중성자와 전자로 되어 있다. 양성자와 중성자를 세분화하면 쿼크quark인데, 쿼크의 크기는 머리카락 굵기의 1조분의 1이다. 그 전까지는 쿼크가 모든 물체를 이루는 최소단위라 여겼다. 하지만 최근에는 질량화 되어 있지 않은 힉스higgs가 있다는 가

설을 세워놓고 빅뱅실험을 하고 있다. 그래서 힉스를 '신의 입자'라고 부른다. 고우 스님은 '불교에서 말하는 자성·법성이 힉스와 같은 것이라고 생각한다.'면서 '부처님이 발견한 공·무아·자성·법성 등을 현대 물리학이 하나하나씩 증명해가고 있어 참 다행한 일'이라 했다. 공과 연기법을 알게 되면 자신의 삶을 변화시킬 수 있단다.

"공에 대해서 백퍼센트 체험을 못한다 하더라도 신념화만 되어도 인생이 많이 달라져요. 경전 독송, 참선, 염불, 봉사 등 여러 가지 수행 가운데 자신에게 맞는 것을 선택하여 지속적으로 행하는 그 과정이 자신을 비워나가는 수행입니다. 공에 대한 이해와 신념이 굳건하다면 굉장히 마음이 평화로워지고 자유로워지고 행복해진다는 것을 확신해요."

고우 스님의 얼굴에 항상 웃음과 편안함이 가득한 그 이유를 이제야 알 것 같다. 머무는 바 없이 모든 것을 놓아버린 사람에게서 느낄 수 있는 여유와 화평함을 담고 있는 것이다. 고우 스님은 젊은 날에 폐결핵을 치유하기 위해 잠시 절에 머물렀다. 그때 절에 머물면서 불교를 알게 되었고 부처님의 가르침이 좋아 출가했다. 출가를 하고 나서야 자신이 왜 폐결핵을 앓게 되었는지 알게 되었단다.

고우 스님은 법을 알고자 하는 대중들에게는 자상하게 설해 주지만, 상좌들에게는 엄하게 대한다. 결제기간이 되면 상좌들은 은사 스님을 시봉하겠다고 나서지만 고우 스님은 "내가 각화사 서암에서 17년 동안 혼자서 밥해 먹고 빨래하고 다했는데, 뭣하러 너희들 손을 빌려. 너희들이 날 시봉하려고 출가한 것이 아니잖아. 선방 가서 공부나 열심히 하라."고 쫓아버린단다. 스님은 세납 칠십이 훨씬 넘었지만, 될 수 있는 한 남의 손을 빌리지 않으려 한다.

고우 스님은 우리 사회는 '무한경쟁'을 부추기고 있지만, 무한경쟁은 욕망을 바탕으로 하는 것이며 철저히 '내가 있음'을 바탕으로 하고 있기에 이 욕망은 때로는 부메랑이 되어 우리를 해치는 것이라 했다. 그래서 무한경쟁으로 치닫는 사회는 피곤한 사회라고 일침을 가했다.

"무한경쟁이 '무한향상'으로 생각이 바뀌면 자기 하는 일에 대해서 가치와 의미를 알게 됩니다. 무한경쟁은 욕망에서 출발하고 자기 이익을 위해서 일하게 되고, 수천수만 직업인들이 돈만 쳐다보고 일하고 경쟁하게끔 되어 있어요. 하지만 '무한향상'이 되면 자신의 일에 의미가 있고 가치가 있음을 알기 때문에 열심히 하게 되고 열심히 하다보면 존경을 받게 되어요. 일에 대한 올바른 가치와 의미를 알고 일한다면 돈과 명예는 저절로 따라오는 것이며, 이것이 정당한 돈과 명예입니다. 이 정당한 명예는 나를 이롭게 하고 남도 이롭게 하는 것이지요. 무한경쟁은 돈과 명예를 목표로 하기 때문에 그것에는 우리를 해치는 역기능이 더 많아요."

고우 스님은 '국왕 대신이라도 국민을 괴롭히는 사람이라면 천한 사람'이라는 부처님의 말씀을 인용하면서 '지도층이 국민을 괴롭히면 더 천한 사람'이라 했다. 그리고 소통이란 쌍방 소통이 되어야지 일방적인 소통은 소통이 아니라면서 소통부재의 사회는 위험하고 소란스러운 사회라고 꼬집었다.

"상대방에게 '나를 이해하고 따라주면 안되겠나.' 이런 생각은 일방소통인 것입니다. 서로 상대방을 적극 이해하고 인정하고 존중하면서 갈등의 원인을 풀어나가는 자세가 쌍방소통인 것이지. 무지無智에서 지혜로 바뀌면 형상은 남녀, 빈부, 귀천 등 차별이 있지만 본질에 가서는 평등하다는 것을 알게 되어요. 평등하다는 것을 알게 되면 서로 이해하고 존중하고 인정하여 함께 더불어 쌍방 소통이 이루어지는 것입니다. 그러면 다툴 일도 갈등할 일도, 전쟁할 일도 없어요. 진보와 보수는 잘 살기 위한 하나의 제도이지 그것이 목표가 아님을 알아야 해요. 불교만이 종교 전쟁을 하지 않은 세계의 유일한 종교입니다."

고우 스님은 '내가 없음'을 아는 것이 정견이며 정견을 바탕으로 수행하여야 바른 길로 갈 수 있음을 강조했다. 내가 있다는 것을 전재로 하여 무언가 얻을 것이 있다고 생각한다면 수행을 거꾸로 하는 것이란다. 스님은 정견을 말씀하시면서 부富에 대한 정견에 대해서도 덧붙였다.

부처님 당시 기원정사를 지어 보시했던 수닷타 장자는 부처님께 여쭈었다.

"절대적인 행복과 해탈을 얻는데 재산이 방해가 된다면 저의 재산을 다 버리든지 없는 사람에게 나누어 주겠습니다. 부처님께서 이끌어 주십시오."

그러자 부처님께서는 "수닷타여! 그대는 재산을 버릴 필요가 없다. 오히려 더 가질 자격이 있다. 그대는 재산으로서 자신을 해치지 않을뿐더러 남을 돕고 있으니, 얼마든지 재산을 더 가져도 좋다."고 답하셨다. 수닷타 장자가 정견을 가졌기에 부처님께서는 재산을 더 가져도 좋다고 하신 것이다.

"정당한 방법으로 얻은 부富를 보시라든가 남을 위해 쓴다면 삼생三生의 복이 되겠지만, 그렇지 못할 때는 삼생의 원수가 됩니다. 사실은 재산의 많고 적음보다는 그 재산에 대해 바로 보고, 바로 판단하고, 바로 쓰는 것이 중요합니다. 이것이 정견이지요."

바로 본다는 것 자체가 지혜로움을 의미하는 것이다. 지혜의 눈으로 자기를 바로 보고, 사회를 바로 보고, 세상을 바로 본다면 이 세상의 갈등과 분열과 다툼과 전쟁은 훨씬 줄어들 것이다.

우리가 행복을 추구하고 있지만 추구한 만큼 행복하지 못한 연유는 어디 있는 것인지 여쭈었다.

"사람들은 눈으로, 귀로, 혀로, 몸으로, 생각으로 끊임없이 자기를 구박하며 살고 있습니다. 실제로 '나쁘다, 좋다'고 하는 것도 자기가 만드는 것입니다. 좋고 나쁜 일은 다가온다기보다는 자신이 만드는 경우가 더 많아요. '나'가 있어 비교하기 때문에 끊임없이 좋고 나쁜 일들이 새롭게 생겨나는 것입니다. '나'가 있다는 집착 속에서 살면 좋은 일이 일어나면 좋은 일에 끄달리고, 나쁜 경계가 나타나면 나쁜 경계에 끄달려 속상해 합니다. '나'가 있기 때문에 나에게 맞으면 좋아하여 취하려하고 나에게 맞지 않으면 싫어하고 배척합니다. 그래서 지혜로운 사람은 자기를 없애고 무지한 사람은 경계를 없애려 합니다."

빈부귀천, 고저상하 등 이런 경계를 없애야 되는 것으로 알고 있었는데, 고우 스님은 도리어 '무지한 사람은 경계를 없앤다.'고 하니 어떤 의미인지 알고 싶었다.

"사람들은 하루에도 수천수만 가지 경계를 만나게 됩니다. 이 수많은 경계를 다 없애려 한다면 얼마나 힘이 들겠어요? 하지만 나를 없앤다면 경계를 없애려 하지 않아도 됩니다. 무아無我가 된다면 살아가면서 만나게 되는 각각 다른 수많은 경계들이 지혜로 전환되는 것이지요. 선종에서는 중생과 부처로 나누지 않고 일체 모든 것을 부처로 봅니다. 이분법으로 사고

한다면 부처가 되는 길은 아득하기만 합니다."

무아가 된다면 일체 모든 것이 부처 하나로만 보인다고 했다. 무아가 되면 지금 사고하는 것이 지혜로 바뀌게 되니 매사每事가 좋은 일로 다가오고, 매일每日이 좋은 날로 되는 것이란다. 이렇게 되면 절로 행복해지고 기쁨으로 충만한 삶을 살아낼 것이다. 그래서 고우 스님은 무아無我를 신념화하라고 일러주시는 것이다.

인터뷰를 마치고 스님의 한유로움을 카메라에 담고 싶어 마당에 내려섰다. 몸피가 큰 개들이 짖지도 않고 긴 꼬리를 시계추처럼 흔들고 있다. 반가워하는 개의 몸짓은 충분히 알겠지만 무서워서 걸음을 뗄 수 없었다. 순한 개라고 하지만, 마음속의 견고한 공포심은 사라지지 않았다. 공포심은 스스로가 만든 것이기에 누구에 의해서 없어지는 것이 아니라 스스로가 지워나가야 하는 것이다. 개들은 객을 환대하고 있지만 받아들이는 입장은 그렇지 못하니 개와 객은 소통부재의 시간을 보내고 있는 것이다. 이것 또한 안타까운 일이다.

낯선 사람을 보고 짖는 것이 개의 본성이건만, 이곳 금봉암의 개들은 낯선 사람을 봐도 짖지 않으니, 무심도인의 그늘에서 살면 날카로운 자는 둥글어지고 어리석은 자는 지혜로워지며, 공격적인 자는 자애로워 지는 것임을 실감하겠다.

남이 침 발라놓은 소리는 아무리 들어도 소용없다.

대선 스님

14살에 금강경을 읽고 발심. 19살에 계룡산 갑사에서 만공 스님의 제자인 혜원 스님을 은사로 출가했다. 도봉산 망월사에서 10년 동안 춘성 스님을 시봉. 해인사 성철 스님 회상에서 10년 동안 정진했으며, 그 후에도 금오 스님, 향곡 스님의 문하에서 공부했다. 갑사 북사자암(北獅子庵)에서 4년 동안 불기 없는 방에서 온몸이 언 채로 화두를 잡고 정진했으며, 그 후 도봉산 망월사에서 3천일 동안 솔잎, 쌀가루, 콩가루 등으로 생식하면서 수행했다. 20여 년 전부터 생가에 홍련암을 지어 속가의 어머니를 모시고 정진. 수봉산 내에 청풍선원을 비롯하여 요덕사 정진원과 오도암 등의 선방을 지어 재가불자들을 지도하고 있다.

춥고 배고플 때
도심道心이 나온다

　칠월의 햇살은 거칠고 뜨겁다. 강한 햇살과 지기地氣를 흠뻑 받아들인 나무들의 짙푸른 잎들이 바람에 사운거린다. 나무들이 만들어내는 녹색 그늘이 눈을 시원하게 해준다. 깊은 울음소리를 토해내고 있는 두견새와 숨넘어가듯 급박하게 울어대는 매미의 울음소리는 한여름 숲의 정적을 깨뜨린다. 요덕사를 가기 위해서는 아래 절인 홍련암을 거쳐야 한다. 홍련암은 연꽃으로 화장세계를 연출하고 있다. 활짝 핀 연꽃 위로 내려앉는 햇빛은 기품 있고 고결해 보인다. 바람결따라 흔들리는 연꽃의 향기는 홍련암을 채우고도 남는다. 홍련암은 내선 스님이 연로하신 어머니를 위하여 생가를 절로 만든 사연을 안고 있다. 연꽃을 좋아하는 어머니를 위하여 연못을 만들고 그곳에 홍련을 심었다. 이제 홍련암의 연꽃은 사진애호가들이 몰려드는 완주의 명물이 되었다.

　대선 스님을 꼭 이태 만에 뵙는다. 스님은 비승비속非僧非俗

으로 사는 이를 뭣하러 또 찾아왔느냐고 퉁을 놓는다. 자신을 드러내기 싫어하는 스님의 말씀은 이러하시지만, 공부에 목말라하는 사람들은 이곳을 찾아든다. 대선 스님은 한 시대를 풍미했던 기라성 같은 선지식들 - 성철 스님, 춘성 스님, 금오 스님, 향곡 스님 - 회상에서 공부를 하였기에 스님의 수행담은 공부의 길을 열어준다. 스님의 푸른 눈빛과 방안을 울리는 쩌렁쩌렁한 목소리는 변함이 없다. 도인의 경계는 '불이 얼음을 녹이면 다시는 얼음이 되지 않으며, 화살이 이미 시위를 떠나면 돌아올 기세가 없는 것과 같다.'고 했던가. 대선 스님이 똑 그러하다.

스님은 어렵게 공부했던 봉암사 시절을 떠올렸다. 좁은 선방에 스무 명이 앉으면 서로 무릎이 닿을 정도인데도 사부대중을 받았다. 비구가 한 7~8명 정도 되었고 비구니, 우바이, 우바새가 한곳에 모여 공부를 했던 시절이었다. 환경은 그리했지만 그곳에 성철 스님과 향곡 스님이 계셨기에 공부에 대한 열기는 그 어느 때보다도 뜨거웠다.

"요즈음은 옛날에 비해 선방도 많고 수좌들도 더 많은데 왜 공부인이 나오지 않는지를 생각해 보아야 해요. 공부인이 나오지 않으면 오합지졸이지, 뭐하겠어요? 밥만 축내는 것이지. 옛날 노스님들이 우리들 보고 '너희들 공부하는 것이 공부하는 것인가?' 하는 이야기를 간혹 들었어요. 욕심인지는 몰라도 오십대쯤 되는 수좌들을 보면 노스님들처럼 '너희들 공부하는 것 보면 죽도 밥도 아닌 것 같다.'고 질타를 하고 싶어져요."

대선 스님은 도봉산 망월사에서 천 일을 세 번이나 보탠 삼천 일간이나 솔잎, 쌀가루, 콩가루만을 먹으면서 장좌불와長坐不臥 수행을 했다. 갑사의 북사자암에서는 한겨울에도 방에 불을 넣지 않은 채 꽁꽁 언 몸으로 화두를 잡고 4년 동안 정진하였다. 공부는 그렇게 하는 줄 알고 평생을 위법망구의 정신으로 수행했다. 사람들은 대선 스님이 이미 그때 한 경지 깨달았다고 한다. 수좌들 사이에서는 아직도 스님의 수행담이 회자되고 있다.

대선 스님은 그 시절이 그리운지 향곡 스님과 성철 스님의 이야기를 풀어놓는다.

"향곡 스님은 남방도인이었어요. 향곡 스님 회상에서 살 때 그분을 척 바라보기만 해도 '공부를 안 하면 저 양반이 나를 죽이지.' 그런 생각이 들 정도로 기골이 장대하고 눈빛이 형형했지. 화탕하고 걸탕진 것이 선방 수좌들이 이끌릴 만한 모습을 한 참으로 멋이 있는 도인이었어요. 성철 스님은 말쑥하니 잘 생긴 것이 천재의 모습이었어. 눈빛이 살아있으면서 학과 같은 모습이었지요."

봉암사 시절 두 사람은 한산과 습득처럼 짝이 되어 십 수

년을 같이 공부하고 법거량을 나누었다. 지금은 그러한 도인들이 귀한 시절이고 설령 지도자가 있고 좋은 도량이 있다 하더라도, 원초적으로 요즈음 사람들의 근기가 약해서 공부인이 나오기가 힘들다는 것이 스님의 견해이다.

"옛사람이라고 다 근기가 강하고 요즈음 사람들이라고 허약한 근기를 타고나는 것이 아니라 시대가 그렇게 만들어버려요. 우주의 기를 받고 어머니, 아버지의 기운을 받는 것이 소우주인 우리의 몸입니다. 어머니 품속에서 나와서 모유를 먹여야 하는 데 요즈음은 다들 소젖을 먹이잖아요. 모유는 최고의 약성藥性이 함유되어 있고, 또 시간에 따라서 아기의 몸에 맞게 맞추어지는 최고의 영양식인데, 그것을 외면하는 것이 현대인들이라. 어머니의 품과 모유는 대근기를 마련할 수 있는 바탕이 되는 것인데 그것을 외면하는 것이 참 안타깝지요. 시대의 흐름을 외면할 수는 없겠지만, 어떤 것이 좋은 것이고 나쁜 것인지는 좀 알아야 해요. 요즈음은 행자들이나 사미승들까지 다들 집에서 귀하게 자라서인지 힘든 일은 하지 않으려 하고, 좋은 것만 먹으려 하고 인스턴트식품을 선호한다고 그러데요. 그래서는 도인이 나오지 않아요. 구식으로 돌아가야 도인이 나오지 현대 신식으로 해서는 도인이 나오지 않아요."

대선 스님은 7살에 천자문을 땔 정도로 영특하였다. 중학교 1학년 14살 때 김보광 스님의 **주해강설금강경** 서문을 읽고 정신이 번쩍 들었다. 그때 이후로는 세상이 다 시들해 보이더란다. 그러다 19살에 공주 갑사에서 출가를 하였다. 절의 분위기가 너무 엄숙해서 바로 절로 들어가지도 못하고 주변을 빙빙 돌다가 옆문으로 들어갔는데 주지 스님인 김혜원 스님(만공 스님의 마지막 제자)을 만났다.

혜원 스님을 은사로 해서 공부하였는데, 은사 스님은 상좌들에게 옷 해주는 법도 없고 용돈을 준다거나 하는 일도 일체 없었다. 대선 스님이 공부하던 시절은 나라가 가난하고 절집이 가난하여 모든 것이 부족한 시절이었다. 누더기 옷 한 벌이면 족했고, 멀건 죽 한 그릇 먹고도 깨닫고야 말겠다는 분심과 기상은 하늘을 찌를 듯했다.

"돈만 가지면 산호랑이 눈썹도 빼먹을 수 있는 시대이니 말할 것도 없지만, 그래도 승가는 세속과는 달라야 해요. 옛날에는 좌복이 이불이 되고 그것 하나로 견디면서 공부했어요. 옛날에 노스님 아래에서 아프다고 하면 다른데 가서 알아보라 하고는 당장 쫓아냈어. 그러니 아프다는 소리도 할 수 없고 그저 항상 정신 바짝 차리고 공부했어요. 그것이 공부인을 만들어내는 바탕이 되었던 거지. 빈도貧道로서 일종식하고 금식하고 탁발하고 그랬어. 기한이 발도심飢寒發道心이라고 춥고 배고플 때 도를 구하는 마음이 더욱 간절해지는 법이여.

지금이라도 종단이 살아나려면 가난을 자초하여 좀 더 가난하게 살아야 해. 옛날의 중들은 그런 정신이 살아있어선지 누더기 옷을 걸치고 있어도 그 면모가 풋풋하고 때깔이 났어요."

스님은 전두환 대통령 때 일어난 '10.27법난'에 대해 언급하면서도 '그때 우리가 새로이 발심하는 계기로 삼아야 할 일'이라 했다.

"10.27법난은 일어나서는 안될 일이었고, 불교 근대사에 부끄러운 일입니다. 이곳에도 전화가 왔고, 홍련암보다 더 못한 움막집을 짓고 사는 데도 군관민 합동으로 해서 쳐들어왔다더군. 전국의 사찰들이 그놈들의 군홧발에 짓밟혔을 때 월명암의 월인 스님 한 사람만이 큰소리쳤어. 군인들이 신발 신고 법당에 올라오는 것 보고, '이놈들! 어디 감히 부처님도량을 짓밟는가!' 하고 호통을 쳤더니 그 모습이 너무나 당당하고 의연하여 그냥 갔다고 하더군. 요즈음 10.27 법난 과거규명 한다고 야단들인데 그것도 좋은 일이 아니야. 나는 잘했는데 저쪽이 잘못했다고 말하기 전에 먼저 자신부터 잘못을 반성하는 계기로 삼아야 합니다. 그때 출가발심으로 돌아가 산속에 들어가서 공부했어야지. 그렇게 했다면 종단의 위상이 지금보다는 훨씬 올라갔을 것이야."

스님의 말씀은 거침없다. 남을 탓하기 전에 자신을 먼저 돌아보아야 발전이 있단다. "예전에는 공부가 좀 시원찮다 싶으면 장군죽비로 죽어라고 막 때렸지."라고 덧붙였다. '그때는 공부하다가 죽으면 영광으로 생각할 때'였기에 맞는 이나 때리는 이나 공부 외에는 그 어떤 것도 끼어들 여지가 없었다. 하지만 요즈음의 선방 분위기는 예전과 달라서 그렇게 때렸다가는 소송이 걸릴지도 모를 일이라면서 씁쓸해 했다.

"내가 얼마 전에 어디 가서 장군죽비를 휘둘렀는데, 한 대 때렸는데 앞으로 꼬꾸라지는 거야. 옛날 같으면 아무렇지도 않았을 것인데, 혹시 죽었나 하고 겁부터 나데요. 그만큼 서로가 믿는 마음이 부족한 것이지.

향곡 스님은 장군죽비를 직접 만들었는데, 한 번 맞으면 맛이 나게 무직하게 만들었어요. 향곡 스님은 몸집이 커서 장군죽비로 내리치면 덩치 좋은 사람도 앞으로 푹 꼬꾸라져요. 장군죽비로 죽을 정도로 맞아도 깨닫고야 말겠다는 분심에 비하면 아픈 것도 아니었지."

공부 안 하고 그렁저렁 살다가 죽는 것은 평생 '송장 하나 지키다' 가는 것임을 명심하란다. 젊었을 때는 바쁘게 살다보니 공부의 필요성을 느끼지 못하다가 늙어서 이제 공부해야겠다 싶어 보면 그때는 몸이 말을 듣지 않고 앉는 것조차 힘들어지는 것이 중생들의 살림살이다.

"요즈음 내가 한탄하는 것이 건강입니다. 새벽 예불을 올리는데 전에만 못해요. 춘성 스님은 팔십이 되었는데도 새벽

3시면 당신이 직접 새벽에 1시간씩 목탁을 쳤어요. 그때 도봉산이 쩌렁쩌렁 울리도록 목탁치고 염불했는데, 마치 사자가 '으흥으흥' 하는 것 같아서 정신이 번쩍 들었어요. 옛날에는 지도급에 있는 스님, 수행력이 있는 스님들이 먼저 첫새벽에 일어나 목탁을 침으로서 기상나팔이 되었고 모든 공부가 그것에서 시작되었어요."

스님은 도봉산 망월사에서 욕 잘하기로 유명한 춘성 스님을 10여 년간이나 모셨다. 수좌들은 편하게 잠을 자서는 안된다는 것이 춘성 스님의 철학이었기에 망월사 선방에는 이불과 베개가 없었다. 춘성 스님 회상에서 잠 안 자고 공부하는 것을 배웠다. 춘성 스님은 조실인데도 자신의 방 한 칸도 없이 선방에서 대중들과 함께 잠을 잤으며, 팔베개 하고 두어 시간 살짝 자는 것이 전부였다. 법도가 엄하기로 서릿발 같았지만 참으로 신심 나게 공부했던 시절이라고 회상하였다.

대선 스님은 당신은 스승 복이 있어 좋은 선지식을 모시고 공부할 기회가 많았단다. 1970년대 해인사에서 성철 스님 회상에서 선원장 노릇을 하였다. 그때 산부처로 통하는 지월 스님을 만났다.

"지월 스님은 누더기 입고 주장자 하나 들고 말없이 해인사를 20년 동안 지켰고 해인사에서 열반하셨어요. 지월 스님은 성철 스님을 방장스님으로 모시고 당신은 한 자리 내려와서 유나를 맡더군. 성철 스님도 지월 스님을 어려워했을 정도로 지월 스님의 공부는 높았어요. 아무 말 없이 대중들을 보살폈고 상(相) 내는 일이 없었지요."

한 번은 해인사 도량에 독감이 만연되어 온 대중이 감기에 시달렸다. 그래서 젊은 스님들은 명태를 사다가 저 산 아래 냇가에 가서 솥을 걸고 명태국을 끓였다. 이 소식을 들은 지월 스님은 명태국을 끓이는 곳으로 갔다.

"보살들은 여기서 무엇을 하시는가?"

"예 고뿔약을 끓이고 있습니다."

"아, 고뿔약 냄새 참 고약타!"

지월 스님은 스님들을 부를 때 항상 '보살'이라고 불렀다. 잘못을 해도 크게 호통치는 일없이 자애롭게 깨우쳐주었다. 누군가가 걸망을 지고 나서는 것이 환속의 낌새가 보이면 양손을 벌려 앞을 가로막고는 "이런 고래등 같은 기와집을 두고 어디로 가려는가?"하고 막아섰다. 대선 스님은 자애롭고 끝없이 하심하는 지월 스님의 공부는 그 어디에도 댈 수 없었다고 한다.

부처님의 출가 목적이 '생로병사를 해결하고야 말겠다.'는 결심에서 비롯되었듯이 우리에게는 늙고, 병들고, 죽는 것이 제일 큰 문제임에 틀림없다. 대선 스님이 현대인들을 진단했을 때, '생로병사만큼 다급하고 중한 일이 없음을 제대로 인식하지 못하기 때문에 제대로 발심을 못하는 것'이라 한다. 부처님 앞에서 복 달라고 조르지만 죽음 앞에서 그것이 무슨 소용 있는지 한 번 생각해 보란다.

"죽는 것을 실제로 경험해 보지 않아서, 실제로 당해 보지 못한 것이라 말로 들으면 실감이 안 나요. 죽는 것이 아직 먼 것 같지요? 나부터도 그래요. 오십대에는 내가 이렇게 늙을 줄 몰랐지. 불가에는 백골관白骨觀이 있어요. 우리 중생은 잊어버리는 속성이 있으니 대들보에 해골 하나 달아놓고 공부한다면 무상無常을 절실히 느끼게 될 것입니다. 이렇게 한다는 것은 힘든 일이니 언젠가는 '죽을 수밖에 없음'을 명심해야 합니다."

육신이 영원할 것 같아 여기에 매달리고 집착하는 그것이 바로 망상이요 헛된 꿈이란다. 시간은 살같이 지나가니 공부를 뒤로 미루지 말라는 당부의 말씀을 아끼지 않았다.

"오늘 내가 말을 너무 많이 했어. 옛날에는 법문 한 마디 듣기 힘들었어요. 요즈음은 컴퓨터에도, 텔레비전에도 천지가 법문으로 넘쳐나고 있어."

'법문이 없을 때 오히려 공부인이 나왔다.'는 스님의 말씀이 의미심장하다. 스님의 말을 빌자면 '남이 침 발라놓은 소리'는 아무리 들어도 소용없는 것, 스스로가 실천수행하는 것만이 깨달음의 지름길로 가는 것이란다. 야부 선사는 "물고기가 물을 마시매 차고 더움을 스스로 안다."고 했다.

요덕사의 대밭이 참으로 좋다. 산책 삼아 푸른 대밭으로 걸어가는 스님의 뒷모습에서 도인의 풍모가 느껴진다.

매화꽃만 보지 말고 우주 법계에 꽉 차 있는 봄을 보아야 한다.

대원 스님

1957년 상주 남장사로 출가. 고암 스님을 은사로 동산 스님을 계사로 득도 수계. 1961년 동산 스님에게 구족계 수지. 고봉, 석능, 혼해, 호경 스님으로부터 일대시교를 이수한 후 혼해 스님에게서 전강 받았다. 그 후 상원사, 동화사, 해인사, 통도사 등 전국 제방선원에서 정진했으며, 고암 스님으로부터 전법했다. 1986년 옛 제석사 터에 학림사를 세우고 납자를 위한 오등선원과 시민선원을 열어 현재 선불교 대중화에 진력하고 있다.
저서로 〈철벽을 부수고 벽안을 열다〉〈반야심경〉이 있다.

화두란 현실에서 부딪치는 문제를 해결하는 것

계룡산 제석골에 위치한 학림사에 들어서면 선불장選佛場이라는 현판이 눈에 들어온다. 학림사는 출가수행자들의 수행처인 오등선원과 재가자들을 위한 오등시민선원이 나란히 있는 '부처 뽑는 도량'인 것이다. 오등선원은 눈 밝은 이가 있어 불꽃 튀기는 진검승부를 겨루어 볼 수 있는 곳이라 하여 많은 수좌들이 이곳을 찾고 있다. 눈 밝은 이가 휘두르는 활인검에 살아나간 이가 몇이나 되는지 누가 알까마는, 그 칼날에 베이고 싶은 사람들은 태산처럼 여여부동한 대원 스님을 찾아온다.

사람들은 한때 '남진제 북송담'(부산 해운정사의 진제 스님과 인천 용화사 송담 스님을 두고 선지식으로 존경하는 뜻에서 일컫는 말)을 말했다. 이제 대원 스님을 덧붙여서 '중앙에는 대원 스님이 있다.'고 한다. 공부인으로서 진검승부 끝에 얻어낸 명성인 만큼 오등선원에는 진실로 깨닫겠다는 수좌들이 방부를 들인다. 대원 스님은 깨우침에 있어 조금의 숨김도 없이 자신의 공부를 낱낱이 드러내어 제접하기에 '남진제 중앙대원 북송담'이라는 말이 터져 나오는 것이다.

대원 스님의 거처는 선승의 거처답게 소박하고 단출했다. 대원 스님의 방에는 용성 스님과 고암 스님의 사진이 걸려있다. 용성 스님의 법맥을 이은 분이 고암 스님이고 고암 스님의 법맥을 이은 분이 대원 스님이다.

대원 스님은 남장사에서 행자 시절을 보냈다. 먹물 옷을 입은 스님이 지나가면 그저 좋아 줄레줄레 따라다니다 학업도 채 마치지 못하고 들어왔으니 주지 스님의 말씀 한마디가 그대로 법인 줄 알았고, 강사 스님의 가르침 또한 귀히 여겨 한 글귀도 허투루 듣지 않았다. 아무리 힘들어도 그리 해야 되는 줄 알고 5년 동안 일주문 밖을 나가지 않고 공양주를 비롯하여 채공, 갱두까지 도맡아서 했다. 대원 스님이 5년 동안 행자 노릇을 할 때 5백여 명 정도가 왔다가는 도망갔을 정도였으니 그 힘든 것은 이루 말할 수 없었다.

주지 스님은 쌀 두 말을 주면서 5일 동안 먹으라고 했지만 절 집안의 대중이 일정치 않고 들쑥날쑥하였기에 쌀은 항상 모자랐다. 그럴 때마다 주지 스님은 쌀을 어디다 감추었느냐면서 야단을 치고는 한겨울에도 밖으로 내몰았다. 내복도 입지 않은 채 홑겹의 옷을 입고 매서운 추위에 몸을 맡긴 때도 허다했다. 이런 어려움을 견디어 내는 것을 보고 사람들은

'저 행자는 대근기'라 칭찬했다. 대원 스님은 공부가 높은 스승을 모시고 공부하고 싶은 열망이 너무나 컸다.

"여러 번 강원을 보내달라고 청했지만 일만 시키고 보내주지를 않아요. 그래서 생각다 못해 사미계를 받고는 걸망을 매고 도망치다시피 해서 청암사로 갔어요. 청암사에서 고봉 스님으로부터 사집과 선요를 배웠는데, 그때 경안이 조금 열리데요."

그 후 통도사에서 성능 스님과 호경 스님께 사교를, 대교는 혼해 스님께 배워서 내전을 두루 다 익혔다. 훌륭한 스승을 모시고 공부할 수 있다는 것이 너무 좋아 잠을 아껴가며 공부했다. 혼해 스님은 용맹정진을 하는 대원 스님의 기상을 보고는 "대원 수좌는 강사하지 말고 선방에 가서 열심히 참선수행토록 하라."고 일렀다. 그 길로 곧장 의정부 쌍룡사의 전강 스님을 찾아뵙고 참선수행에 대한 가르침을 받았다.

"하나의 화두를 의심해 나아간다는 것은 생과 사에 대한 의심, 본래 부처에 대한 의심 등 천 가지, 만 가지 의심을 하나로 몰아붙이는 것입니다. 화두에 대한 의심이 해결되면 모든 의심이 일시에 없어지게 되어 있어요."

대원 스님은 '깨우침'이란 철저히 '인생 문제에 대한 해결'이라면서 화두가 무엇인지 간결하게 설해 주었다.

"사람은 타고난 환경과 능력과 성격이 다 제각각입니다.

그러니 모든 사람이 경험하는 것은 자신의 이러한 조건에 따라서 달라질 수가 있어요. 각기 다른 경험 속에서 부딪치는 문제에 대한 물음을 해결하는 이것이 바로 화두입니다. 부처님은 생로병사가 무엇인지를 알고자 하는 것이 화두가 되어 깨우쳤고, 어떤 이는 부모의 죽음이나 친구의 죽음을 통해서 인생의 무상함을 갖고서 '인생이 무엇인가' 하고 의문을 갖고서 생각하다 보니 깨치게 되었어요, 또 어떤 이는 부귀영화의 헛됨을 보고, 또 어떤 이는 권력의 무상함 속에서, 어떤 이는 감당하기 어려운 환경에 처하여 자신의 의문을 해결하고자 간절하게 생각하다 보니 깨치기도 합니다. 이것이 화두입니다. 화두 참선이 결코 현실과 우리 생활에서 동떨어진 것이 아닙니다."

우리의 삶은 끊임없이 무엇인가를 해결해야 하기 때문에 실은 수행이라고 따로 내세울 것이 없단다. 삶에 대한 의문이 자연스럽게 형성되어 그것이 화두로 이어진다면 좋겠지만, 그렇지 못할 때는 스스로가 수행상을 만들어나가야 한다는 것이다.

대원 스님은 선방에 다닐 때도 조실 방에 가서 열심히 묻고 점검 받는 것을 멈추지 않았다. 상원사, 범어사, 송광사, 칠불암 등 전국의 제방선원에 안거하면서 효봉, 동산, 고암, 경봉, 전강, 향곡, 성철 스님 등 당대의 선지식을 모시고 입승

및 선덕 소임을 맡아 경책을 받아가면서 30년 세월을 선수행으로 일관했다.

대원 스님은 고암 스님으로부터 전법게를 받던 당시를 회상했다. 고암 스님은 3대, 4대, 6대에 걸쳐 세 번이나 대한불교 조계종 종정을 지냈던 분으로 자비보살로 통하고 있는 분이다.

1973년 고암 스님이 해인총림 방장으로 머물 때에 저녁 정진을 마치고 방장실을 찾으니, "지금도 정전백수자庭前栢樹子, 뜰앞의 잣나무 화두를 참구하고 있는가? 몇 년이나 참구하였는가?" 하고 공부의 진척을 물었다. "8년간 참구하였다."는 답을 듣고서는 "애석하다!" 하면서 한 말씀 일렀다.

"잣나무 꼭대기 위에서 손을 놓고 한 걸음 나아갔을 때에 어떤 것이 너의 본래면목이겠는가?"

대원 스님은 이 한마디에 홀연히 크게 깨우쳐 박장대소했다. 다시 고암 스님이 마조원상 공안公案을 물었다. 주장자로 원상을 그리더니 "여기에 들어가도 30봉棒이요, 나가도 30봉이니 일러라."고 했다.

"깔고 앉았던 좌복을 머리에 이고서 '이것이 안에 있습니까? 밖에 있습니까?' 하고 물으니, '아니야!' 하시며 주장자로 나를 치려고 하시는 찰나에 좌복을 스님 머리 위에 던지고 문밖으로 나가 버렸지. 잠시 후에 다시 들어와 앉으니 고암 스님께서 '눈 푸른 납자는 속이기 어렵도다.' 하시고는 1,700

공안을 두루 물으시데요."

 1,700공안에 대한 답까지 다해 마치고서 고암 스님으로부터 인가를 받았다. 이렇게 해서 대원 스님은 고암 스님의 법제자가 되었다. 자신의 전 존재를 담아 낸 질문 앞에서 자신의 일체 생명을 걸고 답하는 진검을 겨누는 그 자리에는 한 치의 빈틈도 있을 수 없다. 스승의 날카로운 취모검은 제자의 마지막 번뇌의 주라발을 베어 버린다. 삼세제불의 향기와 비교해도 일호一毫의 차이가 없는 것이다.

 '평상심이 도'라고 했듯이 우리가 공부하는 것은 생활 속에서 이뤄져야 한단다. '마음이 본래 부처'란 말이 맞는 말이지만 그 말을 듣고 바로 알 수 있다면, 그 소리 하나 듣고 남전이나 원효, 육조 스님처럼 현실성 있게 살 수만 있다면 공부가 필요치 않단다.

 "부처님 말씀을 예로 들면, 내 옆에 있는 사람이 가장 어려운 곤경에 처해 있다면 그 사람을 좋은 마음으로 도우는 것이 선禪이라 했어요. 여러 모로 세상 사람들에게 도움을 주었을 때 그것이 바로 선이라는 것이지. 일체중생 모두가 다 이런 마음으로만 산다면 이렇게 앉아있을 필요가 없어요. 모든 이가 부처 마음으로 사는데 그 위에 무엇이 더 필요하겠어요. 우리는 말로는 알아도 실제로 그렇게 안되니까 부득이 공부를 해야 하는 것입니다. 놓으라 해도 안되니 '이뭣고?' 하며 살펴보라는 것이지. 천 가지 파도 속에서도 전혀 간섭받지 않고 순풍으로 바꿀 수 있어야 하며, 싸움하는 속에 가서도 어깨춤을 출 수 있어야 깨달음이 현실화된 것입니다."

그런데 우리네 중생들은, 상대방이 폭언을 하거나 집안에 무슨 일이 일어나면 마음이 당장 따라 일어나 버리니 좌복 위에서 마음을 조련해야 하는 것이다.

"자신의 일상생활을 잘 살펴보세요. 일생의 대부분은 불안하고 걱정거리로 가득 차 있습니다. 걱정 없이 좋은 때는 극히 적습니다. 그리고 남편이 아내를, 부모가 자식의 안전을 또 자식이 나의 안전을 보장해 줄 것 같지만 그렇지 않습니다. 우리가 불안해하고 걱정하는 것에 대해 삼엄하게 경계하고 안전장치를 많이 할수록 오히려 더욱 불안해지기만 합니다. 불안하다는 것은 그런 일이 터지기를 무의식 중에 기다리고 있다는 반증입니다. 수행을 통해 마하반야에 이른다면 불안과 초조, 걱정에서 벗어나 한가로운 사람이 될 수 있어요. 마음이 분주하지 않고 고요하여 여유롭다는 것이 얼마나 좋습니까?"

대원 스님은 '선이란 불안과 공포로부터 해방될 수 있는 대안'이라 했다. 고(苦)라 여겼던 삶을 행(幸)으로 전환해 주는 것이니 '행복을 찾는 길'인 것이다.

대원 스님께 화두 참선을 어떻게 하면 잘할 수 있는지를 여쭈었다.

"'이뭣고' 화두를 참구한다면 단도직입적으로 '너는 뭐냐?'라고 치고 들어가야 합니다. 생각을 일으켜서 화두를 들면 오래가지 못해요. 본인들이 생각 안 하려 해도 안 할 수 없을 정도로 '이것이 무엇인가' 하고 간절하게 물어야 하고 지극한 의심을 품어야 합니다. 그런데 '이뭣고'를 받아서 담아놓고는 '뭣고', '뭣고' 되풀이만 하는 것은 화두를 잘못 드는 것입니다. 밥 먹고 똥 싸고 잠자는 일상생활 속에서도 의심을 그대로 깊이 끌고 나가면 내가 의식이 없는 세계에 가서도 그 의심 덩어리 하나가 그대로 성성하게 됩니다. 공부가 다 되었을 때는 마지막에 가서 본인이 어떠한 경계든 경계에 부딪혀서 뒤집어집니다. 비로소 본인이 '아!' 하고 깨닫는 것이지요. 그것을 누가 해줄 수는 없습니다."

대원 스님은 남자에게는 선지식이 곁에 있어야지 혼자의 생각으로 공부를 지어가는 것은 위험하다고 했다. 서울을 가 보지 못한 사람이 서울을 간다고 할 때 도중에 대구 같은 큰 도시가 나오면 휘황찬란하니까 그곳에 주저앉을 수 있다. 서울의 궁전까지 가서 제8아뢰야식을 박살낸 경험이 있는 선지식이라면 자신 있게 천하의 도인이라 할지라도 점검해 줄 수 있는 것이다.

대원 스님은 "부처님 경전이나 조사 어록은 다 깨달으라고 하는 말입니다. 본인이 생사를 걸고 정진을 하다 기연이 되어서 스승을 만나 깨달은 분도 있지만, 많은 선사들이 부처님 경이나 조사 스님 어록을 통해서 깨달았다."면서 선수행과 함께 경전이나 선어록을 공부해야 진척이 있음을 강조했다.

스님은 무구자無垢子 도인의 반야심경주해를 강설하고 책으로 펴내서 선가에 일대 반야심경 열풍을 일으켰다. 오등선원에서는 십년도 훨씬 넘게 토요일마다 대원 스님의 강설이 있고 강설이 끝나면 밤새워 용맹정진을 하는 전통을 이어오고 있다. 그동안 대주선사어록과 증도가 강설이 있었고 지금은 금강경오가해 법문을 매주 토요일마다 하고 있다.

사람들은 때로는 '당장 눈앞에 감원조치를 당해 언제 해직될지 몰라 조마조마하면서 사는 데 무슨 선을 하라는 것인가? 참선한다고 해서 감원조치를 안 당할 수가 있는가? 일확천금을 얻을 수 있나? 왜 현실성 없는 참선을 하라고 하는 것일까?' 하고 의문을 품을 때가 있다. 대원 스님은 이런 의문에 대해 다음과 같은 가르침을 주었다.

"중생은 단지 살기 위해서 살지만 어떻게 사느냐가 중요합니다. 오늘 돈을 벌지 않으면 이 생명 유지하지 못하기 때문에 서로 다툰다고 하지만, 짐승들도 고기 한 점을 두고 서로 다툴 줄 알고 이 육체를 살찌울 줄 압니다. 그런 의미 없는 인생을 살아서 되겠어요? 모든 경계에 부딪쳤을 때 둥글둥글 원만하게 다 소화를 시키고 걸림이 없이 살아가는 사람이 되려면 자기 자신에게 있는 문제를 녹여 없애야 합니다. 반야지혜는 자기 자신이 문제를 벗겨내요. 마음속에 쌓여 있는 자기 자신의 모든 불만을 지혜의 빛으로 녹여야 합니다. 본래면목을 바로 깨달아 인생을 지혜롭게 살고 최상의 행복과 영원한 편안함을 누리고 사는 자리, 그 자리를 해탈이라 합니다."

대원 스님은 '불안해하지 않고 멋지게 행복하게 잘 살 수 있는 길은 내 마음의 고향인 마하반야에 이르는 것이며, 불안과 공포로부터 해방될 수 있는 대안이 바로 참선'이라 했다.

줄 없는 거문고를 타고, 구멍 없는 피리를 불면서 고향으로 돌아가는 그 길을 안내해주시는 대원 스님께 감사의 예를 올리고 나오니 봄 햇살이 가득하다.

따뜻한 봄바람이 우주 법계에 불어와서 그 기운이 흰 꽃과 푸른 잎으로 모양을 나타내 보이는 것. 그러니 흰 매화꽃을 볼 때 꽃만 보지 말고 우주 법계에 꽉 차 있는 봄을 보아야 하는 것이다.

도현 스님

범어사에서 덕명 스님을 은사로 출가하여 송광사, 쌍계사, 범어사, 태안사 등 전국의 선방을 돌면서 수행했다. 한때 쌍계사 금당선원의 선덕을 지냈다. 5년간 태국에서 위빠사나 수행을 했다. 지금은 16년째 지리산 연암토굴에서 홀로 수행정진하고 있다. 저서로 〈조용한 행복〉이 있다.

소유의 삶이 아닌
순간순간 존재하는 삶이 되어야

　마당에 내려앉은 햇살, 석란 한 분, 휘파람새 울음소리, 달빛이 어린 뜰, 파초 잎에 떨어지는 빗소리, 돌 수각에 떨어지는 물소리, 연못의 하얀 연꽃 두어 송이, 시식돌 위에 내려앉는 산새들, 눈 내리는 소리, 찻물 끓이는 소리, 아궁이에 불을 지피는 시간, 검은 밤하늘의 빛나는 별빛, 3평짜리 오두막집, 차곡차곡 쌓아둔 땔나무. 이러한 것들은 도현 스님이 좋아하시고 귀히 여기는 것들이다.

　지리산 자락에 터를 잡고 있는 연암토굴에 들어서면 '작은 것들이 내뿜는 아름다움'에 압도당한다. 작은 것들이 와락 가슴에 담기어 속삭이는 소리를 듣게 된다. 3평짜리 작은 집에 작은 연못, 손바닥만한 수각, 그리고 검은 고무신 한 켤레가 놓인 작은 섬돌이 눈에 들어온다. 누워서 만세 부르기도 어려운 가로 다섯 자, 세로 여섯 자짜리 방으로 안내를 받아 들어갔다. 작은 불단이 방 한 켠을 차지하고 있는 이 공간이 법당이자 스님의 거처이다. 연암토굴에 머문 세월이 16년째이니 등잔불 하나에도 스님의 손때가 묻어 반질반질하게 윤이 난다.

도현 스님은 한국불교의 전통적 수행법인 간화선과 남방불교의 수행법인 위빠사나를 모두 섭렵한 수행자이다. 출가 후 수십 년간 '이뭣고'를 화두로 잡아 수행했다. 안거기간은 말할 것도 없고 산철에도 좌복 위에서 화두를 타파하기 위해 무던히 애를 썼다. 그러던 어느 날부터 마음에 '부처님도 이뭣고를 염念했었을까?'라는 의문 하나가 자리 잡기 시작했다. 부처님은 어떤 수행을 하셨는지 궁금했다. 초기불교의 원형이 남아있는 남방불교 국가 중 하나인 태국으로 건너갔다. 그때가 1986년이었다.

넓은 숲속에 자리 잡은 사원에는 스님들의 거처인 작고 소박한 구띠가 여기저기 흩어져 있었다. 구띠란 작은 방 하나에 샤워가 가능한 조그만 화장실이 딸려있는 원두막 같은 집으로 태국에서는 스님들에게 한 채씩 배정된다. 부처님 당시의 숲속 수행의 전통을 계승한 것이다. 도현 스님은 태국에서 다섯 해 동안 위빠사나 수행을 했다. 그때 머물렀던 구띠를 뼘으로 재어 와서 그대로 지은 것이 연암토굴이다.

전기와 수도가 들어오지 않는 곳에서 어떻게 생활하시는지 궁금증이 더해 간다. 먼저 큰 집에 사는 것을 욕심내어 본 적은 없었는지 여쭈었다. 그러자 스님은 "이 집이 작게 느껴집니까?"하고 되물었다. 스님은 3평짜리 오두막이 자리 잡고 있는 지리산이 너무나 크기 때문에 큰 집을 동경하지 않는다고 했다. 말없이 앉아서도 남을 편안하게 해준다는 향적여래를 모시고 산다는 스님은 '자연을 의인화한 것이 바로 향적여래'라고 생각한다. 부처님은 수행자 시절에 이보다 더 좁은 동굴에서 더 열악한 생활을 하셨다는 것을 인도여행을 하면서 확인했기에 오히려 넉넉하게 느껴진단다.

"어떻게 하면 집을 작게 짓느냐를 고민했지요. 전 이렇게 조용하고 조촐하게 사는 것이 꿈이었어요. 꿈을 가지고 있으면 꿈에 상반되는 장애물이 생겨나요. 하지만 꿈을 지키기 위해서는 더 좋은 조건을 버려야만 내 꿈을 지킬 수 있습니다."

은사 스님은 병석에서 유언처럼 열 명의 상좌 중 맏상좌인 도현 스님에게 주지직을 맡기고 싶어 했다. 도현 스님은 절대로 주지직을 맡지 않겠다고 결심한 바가 있기 때문에 은사 스님이 서운해 했지만, 끝까지 고집을 피웠다. 큰 집에 살 인연이 생겨나도 조촐하고 조용하게 사는 꿈을 지켜나가기 위해서는 단호하게 물리쳐야 한다는 스님의 말씀에 '세상이 뜻과는 거꾸로 사는 것이 수행자'라는 성철 스님의 말씀이 스쳐 지나갔다.

스님은 '그 무엇도 하지 않고 그 무엇도 되지 않는 삶, 이 세상에 존재하지 않는 것처럼 산다는 것이 어떤 건지 어렴풋

이 느끼면서도, 아직 한 가지도 놓아버리지 못하고 있다.'고 한탄했다. 무위의 삶에 대해 "장미는 아무 이유 없이 존재한다. 장미는 피어있기 때문에 피어있는 것이다. 장미는 자기 자신에 아랑곳하지 않는다. 장미는 누가 자기를 보는지를 묻지 않는다."라고 어느 현자가 노래했듯이 도현 스님 또한 그러한 삶을 누리고 싶은 것이다.

스님의 출가 동기가 궁금하여 여쭈었더니 "큰 뜻이 있어 출가한 것이 아니고 배고픔을 면하려고 출가했다."면서 웃었다. 부산 청학동에서 꽤 큰 부자로 살았는데 할아버지가 보증을 잘못 서는 바람에 전답과 집이 모두 은행으로 넘어가 버렸다. 하루아침에 길바닥에 나앉게 되었으니 그 고통이야 오죽했겠나 싶다. 한창 먹을 열여섯 나이에 사흘을 내리 굶어보기도 했단다. 그때는 하루 한 끼 먹는 것이 소원이었다. 할머니를 따라 절에 다녔던 인연이 있기도 했지만, 절에 가면 굶지 않는다는 말에 두말하지 않고 따라 나섰다. 그때는 절 살림이 넉넉하지는 않았지만 밥을 굶는 일은 없었다. 스님은 '출가할 때 하루 밥 세끼 먹는 것이 소원이었으니 그 외의 것은 전부 덤'이라고 한다.

도현 스님은 지금도 안거 때에는 큰절 선방에서 대중들과 함께 좌복 위에 앉는다. 안거가 끝나면 다시 연암토굴로 돌아온다. 출가하여 수행자로서 살아 온 세월을 돌이켜 보면 25년은 간화선을 했고, 20년 넘게 위빠사나를 하고 있다. 간화선이 주종을 이루는 한국에서 위빠사나 수행자에 대한 홀대는 없는지 여쭈었다.

"위빠사나가 우리나라에 들어온 지 30년이 넘었고, 세월이 흐른 만큼 위빠사나 수행자도 많아졌어요. 한국불교는 통불교를 지향하기 때문에 어떤 수행법도 다 수용하는 것이 한국불교의 위대함이라고 할 수 있어요. 방법만 다를 뿐이지, 성불하자는 궁극은 같아요. 수행 방법의 우열을 따지는 것은 무의미한 것이고 마음씀씀이를 어떻게 쓰는가가 더 중요합니다."

사띠는 알아차림, 늘 깨어있는 마음인데, 사띠만 있으면 일상생활 자체가 위빠사나이다. 간화선이 화두로 공부를 지어가는 것이라면, 위빠사나는 사띠로 공부를 지어가는 것이다. 우리의 삶은 한 편의 예술행위요, 퍼포먼스라고 할 수 있으며, 우리의 행위는 연출에 해당한다. 사띠는 연출하는 나를 지켜보는 감독관인 것이다. 즉 여기저기에서 자기 마음을 편드는 심판관이 아니라 관찰자가 되게 해야 한다는 의미이다.

"떠오르는 생각들을 그냥 지나치게 해야 합니다. 한 번 떠오르는 상념들은 되돌려 보낼 수도, 붙잡아 둘 수도 없으며 그렇다고 상념들이 떠오르지 않도록 막을 수는 도저히 없어요. 자신이 지금 무슨 생각을 하고 있는지 지켜 볼 뿐, 갑자기 떠오른 생각에 대해 '좋다 싫다, 즐겁다 괴롭다'라고 값을 매기지 마세요. 그냥 내 마음이 그렇게 작용하고 있구나 하고 지켜보는 것이 사띠이고 이것이 위빠사나 수행입니다."

나를 객관화해서 보는 것이 위빠사나이다. 일상에서 호흡을 가지고 잘 익혀놓으면 의식적으로 알아차리지 않아도 저절로 알아차리게 된다. 사띠만 된다면 지금 차 마시는 것도, 일상생활 그 자체가 위빠사나 수행이란다.

일반적으로 수행이란 엄격하고 힘든 일이라 생각하지만 사실 조금만 힘을 얻으면 현재의 순간을 즐거운 마음으로 누릴 수 있단다. 스님은 참선 혹은 위빠사나를 두고 '조용히 노는 방법'이라고 하며 이러한 수행은 '스스로 만드는 행복'이라고 한다. 아무리 바빠도 숨 쉴 시간은 있으니 숨을 들이쉬고 내쉬는 것을 지켜보란다.

우리나라에서도 여러 권의 저서가 출간된 '아잔 차' 스님을 친견하였는지 여쭈었다.

그 당시 아잔 차 스님은 몸이 안 좋아서 쓰러졌는데 식물인간처럼 되었다. 그런데도 태국의 불자들은 아주 존경하는 마음으로 스님을 친견하기 위하여 길게 줄을 서있는 것이 인상적이었단다. 우리나라에서는 큰스님이 병으로 누우면 '도인이 왜 저러는가?' 하는 시선으로 보는데, 태국인들은 '정신이 또렷할 때 어떤 일로 세상에 기여했는가.'로 평가하기 때문에 아잔 차 스님이 식물인간처럼 되었어도 여전히 불자들의 존경을 받고 있는 것이 부러웠다고 한다. 스님의 말씀을 들으면서 '도인이라 하더라도 지수화풍 사대로 이루어진 육신은 아프고 늙고 죽을 수밖에 없음을 받아들이고 인정하는 것도 마음공부라는 생각이 들었다.

아잔 차 스님은 '깨달음을 빨리 달성하도록 하는 특별한 방법보다는 일상에서 정기적으로 좌선하기를, 그리고 좌선을 할 때는 마음이 고요해 질 때까지 호흡에 주의를 기울이고 몸과 마음에 일어나는 현상을 관찰하는 수행'을 하게 했단다.

도현 스님은 '인생은 목적이 아니라 과정이 중요한 것이며 소유의 삶이 아니라 순간순간 존재하는 삶이 되어야 함'을 강조했다.

"이미 지나가 버린 장애들을 생각하지 말 것이며 아직 오지 않은 것들에 대해서도 걱정하는 것 없이 현재에 머물러 살면 되지요. 우리가 사는 것은 언제나 바로 이 순간이며 순간을 통해서 삶이 이루어지기 때문입니다."

스님은 '이 순간을 살아야 함'을 강조하면서 다음과 같은 말씀을 덧붙였다.

"불가에서는 부처와 보살은 원력願力으로 태어나고 중생은 업력業力으로 태어난다는 이야기가 있어요. 원력에 의해서 태어난다는 것은 자기 의지대로 선택해서 태어나는 것을 말하고 업력으로 태어난다는 것은 자기 의지대로 선택하지 못하고 어쩔 수 없이 태어난다는 것을 말하지요. 그런데 원력이 굳건하고 선행을 부지런히 닦는 사람은 금생에 자기 의지대로 자신의 삶을 개선해나갈 수 있어요."

그러니 현재의 처지에 대해 전생을 탓하지도 말고 다음 생에 하겠다면서 미루지도 말고, 사람 몸 받았을 때 현생에서 열심히 노력하여 자신의 삶을 아름답게 가꾸어나가라는 말씀이 아닐까 싶다.

도현 스님이 애착을 가지는 '선재회' 회원들과 인연을 맺어온 지도 20년이 넘는다. 가난한 양로원과 고아원을 돌면서 무료봉사를 하는 것에서 출발한 선재회는 지금은 자신의 내면을 관조하는 수행에 중점을 두고 있다. 연암토굴이 있는 의신골에 '선재난야'를 마련한 선재회원들은 1년에 서너 차례 도현 스님의 지도 아래 위빠사나 수행에 들어간다. 도현 스님은 새벽예불 때 자비경을 독송하면서 이 세상이 좀 더 따뜻해지기를, 사람들이 좀 더 행복해지기를 발원한다.

스님의 하루 일과가 궁금하여 여쭈었다. 대중살이와 달리 독살이는 자유롭게 살 수 있지만 그동안 대중처소에서 익힌 습이 있어 새벽 4시면 일어나 다기 물 올리고 참선에 들어간단다. 그리고 한가한 시간엔 독서도 하고, 음악도 듣고, 날씨가 좋은 날은 다구를 챙겨 계곡에서 혼자 차를 다려 마시기도 하고, 몸이 무거우면 낙엽을 밟으며 산길을 걷기도 하고, 밤이면 누더기를 걸치고 하늘의 별들을 본다는 스님의 일상은 한 편의 시처럼 아름답다.

버너 위에 올려놓은 누룽지가 보글보글 끓는 소리를 들으며 고소한 냄새를 맡다보면 자신의 삶이 고맙게만 느껴진다는 도현 스님은, '욕심이 없을수록 살아지는 게 중의 살림살이요, 공부하면 공부할수록 모르는 것이 많아지는 게 중의 공부요, 살아가면 살아갈수록 자유로워지는 게 중의 멋'이라면서 환하게 웃는다.

"모든 것이 변한다는 무상의 진리 속에는 '생은 덧없으니 부지런히 살펴라.'는 메시지가 들어있어요. 행복한 순간들을 잘 수용하면서 욕심 부리지 않고 변화에 휘둘리지 않는 여여한 마음가짐으로 살아간다면 마지막 숨을 거두는 순간까지도 행복한 삶을 누릴 수 있지 않을까요."

크고 화려한 것을 쫓아가는 세상과는 반대로 작고 소박한 것에 가치를 두고 그 아름다움을 귀히 여기는 스님의 향기는 지리산을 채우고도 남는다.

관음기도를 하면 내가 관세음보살이 되어야 자비가 우러난다.

명성 스님

1952년 해인사 국일암에서 선행 스님을 은사로 득도, 동산 화상을 계사로 사미니계 수지. 동학사 강원 사교과 졸업, 승주 선암사 강원에서 대교과 졸업. 성능 조실스님으로부터 전강했다. 동국대학교 불교학과를 졸업한 뒤, 동대학원에서 석·박사 학위를 취득했다. 조계종 제3, 4, 5, 8, 9대 중앙종회의원, 운문사 강주 및 주지, 운문승가대학장, 운문승가대학원장, 대한불교조계종 전국비구니회 제8, 9대 회장을 역임했다. 1991년 제4회 포교대상 공로상, 2008년 UN 국제 여성의 날 '탁월한 불교여성상'을 수상했다. 지금은 운문사 회주이며 운문사한문불전대학원 원장이다.
저서로 〈즉사이진, 매사에 진실하라〉〈꽃의 웃음처럼 새의 눈물처럼〉 등이 있다.

기도란 복 짓는 삶을 사는 것

　호거산의 웅장하고도 늠름한 기세는 보는 이로 하여금 큰 마음을 품게 한다. 금방 눈이라도 뿌릴 듯 하늘은 무겁게 내려앉았지만, 호거산의 기세에 어쩌지 못하는 것 같다. 솔밭을 지나 운문사 도량에 발을 들여 놓았다. 호거산과 함께 천년을 이어 온 운문사는 그 기상이 호탕하고 웅장하면서도 그 안에 섬세하고 정갈한 그 무엇을 품고 있다. 나직이 엎드린 처진 소나무는 하심과 배려를 가르쳐 주는 듯하다. 도량을 천천히 한 바퀴 돌았다. 묵언정진에 들어간 겨울산과 도량은 조금은 쓸쓸한 분위기이다.
　저녁예불 시간에 맞추어 가사장삼을 수힌 스님들이 법당에 들어선다. 예불은 정갈하게 올려지고, 관음기도 소리 밤늦도록 가만가만 도량을 채운다. 어둠 속에 육중하게 버티고 있는 산이 멋있고, 경내를 밝히고 있는 안온한 불빛이 운문사의 또 다른 밤풍경을 만들어낸다. 하룻밤, 객사에서 머무는 호사를 누렸다. 객사는 정결하고 명성 스님이 붓글씨로 쓴 법구경 한 구절이 마음에 등불을 밝혀주었다. 밤새 솔바람 소리와 개울물 소리가 귀에 걸렸다.

명성 스님은 한국 비구니의 대모요, 큰 스승이며, 한국 비구니의 위상을 우뚝 서게 한 분이시다. 우리나라에서 최초로 비구니스님이 비구니스님에게 법을 전한 분이 바로 명성 스님이시다. 어떤 찬사를 붙여도 넘치지 않는 분이기에 그 앞에 서기도 전에 가슴 설레고 떨렸다.

스님은 자신에 대해서는 한없이 엄격하지만 학인스님들이나 다른 사람들에겐 자비롭고 온화한 것으로 회자되고 있다. 스님의 하루 일과가 궁금했다. 스님은 환하게 웃으면서 "3시 반에 일어나 부처님께 예불 올리는 것으로 하루 시작하지요."라고 했다.

"비구니회 회장을 연임해서 4년을 했는데, 이제 회장을 내놓았으니, 일과표를 다시 짜서 '첫 마음'으로 돌아가서 새로이 일하려고 해요. 하루 일과는 참선하고, 사경하고, 독서하는 것으로 일과표를 그려놓았어요"

이렇게 말씀하시는 스님의 얼굴에서 소녀 같은 해맑은 미소를 볼 수 있었다. 화엄경과 만불명호경은 사경하고, 금강경과 원각경은 독경하는 목록에 넣어 놓았단다. 명성 스님은 부지런하다고 소문이 났지만 스님 스스로를 돌아봤을 때는 그렇지 아니하단다.

스님은 화엄경과 원각경을 공부인에게 아주 필요한 경전으로 꼽는다.

"화엄경을 좋아하는 이유는 이러해요. 모든 강물은 바다로 흘러들어가서 원융무애하게 한데 모입니다. 제각각인 강물도 바다에 가서는 '크다 작다, 더럽다 깨끗하다'는 다툼이 없고 화합을 이룹니다. 저는 이런 원융무애한 마음이 되는 것이 수행자의 본분이라 생각합니다. 그리고 원각경은 '보안보살장'이 너무 좋아요."

> 한 몸이 청정하여 한 세계가 청정하고
> 한 마음이 청정하면 우주법계가 청정하다.

스님께서는 청아한 목소리로 '보안보살장'의 한 구절을 읊었다. 속되지 않고 맑고 깨끗한 연꽃 한 송이가 스님의 말씀마다 피어나서 온 방안을 환히 밝혀주는 듯했다.

제자들은 명성 스님을 두고 '한 발 앞서 시대를 건너가는가 하면, 한 시대를 정확히 읽어내는 혜안을 지닌 분'이라 한다. 새 시대가 요구하는 출가수행자상을 여쭈었다.

"치열한 생존경쟁과 빠른 사회적 변화 속에서 살아남아야만 하는 재가자들은 수행하는 스님들을 통해서 더 이상 대리

만족을 얻거나 위안을 얻을 수 없어요. 어떻게 하면 스님들 자신의 삶을 성장시키고, 또 다른 사람들의 성장에 도움을 줌으로써 더불어 행복해지고 충만한 삶으로 이끌 것인지를 다 함께 고민해야 합니다. 이러한 문제의식을 염두에 두고 수행하고 고민하고 연구해 가야 한다고 생각합니다."

명성 스님은 한국 비구니의 위상을 높이는데 지대한 역할을 한 것으로 정평이 나 있다. 스님은 아주 오래 전부터 한국 비구니의 질적 향상에 대해서 고민해 왔고, 고민을 통해 얻어진 생각들은 바로 실천에 옮겨왔다.

명성 스님의 지도교수였던 김동화 교수는 스님에게 동국대에 남기를 권했다. 그때 명성 스님은 '나 아니더라도 교수할 사람은 많다.'고 생각했단다. 스님은 운문사로 오기 전에 이미 동학사 강원에서 3년간 강의를 했으며, 서울 청룡사에서도 10년간 강의를 했다. 성능 조실스님의 강맥을 이은 명성 스님은 "명성이는 영원히 비구니의 강사가 될 만한 자재資材이니 사양 말고 일생으로 비구니의 지도자가 되기를 바란다."는 찬사도 들었다.

"지금 비구니 교육이 다급한데 비구니 교육할 사람이 별로 없다는 생각이 들었고, 그래서 교수보다 운문사를 선택했어요. 운문사에 왔을 때는 전기도 안 들어왔고, 제대로 된 목욕탕도 없었어요. 목욕을 하려면 한 사람씩 산에서 나무둥치를 끌어와야 했고…. 참 힘든 시절이었어요."

이렇게 열악한 운문사는 명성 스님의 주도 아래 크고 작은 불사를 이루어냈다. 요사채가 좁아 칼잠을 자야 했고, 간장 한 종지와 짠지 한 가지로 버티어 낸 곤고한 때였다. 그러한 시절이 있었기에 지금의 운문사가 더 귀하게 여겨지는지 모른다. 운문사에 들어서면 옛 당우와 새로 지어진 당우 수십 채가 잘 어우러져 도량이 정돈된 느낌이다. 옛것을 새롭게 하되 그 모양새를 져버리지 않았으며 새로 짓는 당우 또한 장대함에 뜻을 두지 않았기 때문이다. 명성 스님은 만세루 불사가 가장 기억에 남는다고 했다.

"작약을 심고 있는데, 큰 소리가 나기에 돌아보니 만세루가 넘어졌어요. 지붕 위에서 와공들이 기와를 새로 이는데, 만세루가 그 무게를 이기지 못하고 넘어진 것이지요. 그런데 7~8명이나 되는 인부들 중 다친 분이 한 사람도 없었어요. 놀란 가슴을 쓸어내렸지요. 만세루를 다시 일으켜 세우기 위해 전국을 돌아다니면서 화주를 했어요. 불사를 하니 많은 사람들이 도와주어 만세루도 짓고 종각도 지었어요. 내가 한 깃이 아니라 부처님의 가피로 된 것입니다."

운문사에 바랑을 내려놓은 지 40여 년, 그동안 조성한 수십 채의 당우가 도량을 수놓고 있으며, 교육기관도 여럿 두고 있다. 당신이 불사를 하면 많은 사람들이 동참하는 그 이유가 궁금했다.

"재정을 투명하게 공개하고, 돈을 정확한 곳에 사용하기 때문일 겁니다. 대중공양이 들어오면 불사에 돈이 부족해도 꼭 대중공양에만 썼어요. 대중공양 물품을 적는 장부도 따로 있었는데, 총무원에서 감사를 와서 이런 장부도 있느냐고 물었어요. 우리 절에는 대중공양장부도 있다고 답한 기억이 있어요."

운문승가대학(강원)은 명실상부한 비구니 교육기관으로서 최고로 정평이 나 있으며, 한문불전대학원도 인가를 받아 운영하고 있다. 보문율원을 통해서도 율사를 배출하고 있다. 삼장원도서관은 내전과 외전을 비롯하여 다양한 분야의 책을 소장하고 있으며, 150명의 학인들이 공부할 수 있는 열람실도 갖추고 있다. 명성 스님의 발원과 열망과 열정이 합쳐져 이루어진 결과물이다. 비구니의 몸으로 안과 밖으로 이런 대작불사를 이루어놓았으니 누구도 존경하지 않을 수 없다. 이런 찬사에 가당치도 않다면서 명성 스님은 손을 내저었다. 부처님의 가피요, 많은 사람들이 동참하였기에 가능한 일이지 결코 혼자 한 일이 아니란다.

스님은 빈틈없이 채워진 일과 속에서도 붓글씨를 쓰면서 한가閑暇를 즐긴다.

雲去雲來天本靜 운거운래천본정

花開花落樹常閑 화개화락수상한

구름이 날아가고 구름이 날아와도 하늘은 본래 고요하고,

꽃이 피고 꽃이 떨어져도 나무는 항상 한가함이라.

학인들이 들고나고 그렇게 세월은 가지만, 그 속에서 유유자적 한유閑裕를 누리는 것이다. 한유만 누리는 것이 아니라 스님의 서예작품은 '법계장학회'의 자금으로 열매 맺기도 한다. 2003년 법계장학회를 설립하여 지금까지 학인스님들과 불자들 63명에게 약 1억5천여만원의 장학금을 지급하였다. 무엇을 하든 그냥 흘려 보내지 않고 유야무야 되지 않고 그 속에서 아름드리 한 그루의 나무로 자라게 한다.

운문승가대학 커리큘럼엔 내전內典 말고도 외전外典인 인문학과 영어회화, 꽃꽂이 등 여러 과목이 들어있다. 처음엔 이에 대해 말도 많았지만, '사회의 일반인들을 제도하고 지도하기 위해서는 모든 면에서 그 사람들보다 더 뛰어나야 한다.'고 생각했기에 명성 스님은 뜻을 굽히지 않았다. 남 앞에 서기 위해서는 학문이 좁고 짧으면 안된다는 강한 신념이 있었기에 스님은 예순여덟 살에 동국대에서 철학박사 학위를 받았다. 스님의 이런 신념 덕분에 운문승가대학 강사들 중에는 석·박사 학위 소지자들이 많으며, 이들은 한국불교의 중추

역할을 하고 있다. 당신의 가멸찬 수행과 정진이 길잡이가 되고 본보기가 되어 한국 비구니 역사를 다시 쓰게 만드는 것이 아닌가 싶다.

대한불교조계종 전국 비구니회 8대 회장으로서 한국에서 열린 제8차 세계여성불자대회(샤카디타 Sakyadhita, '석가의 딸들'이라는 의미)를 성공적으로 치러낸 일도 스님의 행정 능력을 잘 보여준다.

"세계의 비구니와 여성 불자들이 한국 비구니들을 부러워했어요. 한국의 비구니들이 공부와 수행을 열심히 할 뿐더러 활약도 열심히 한다고 칭찬도 많이 받았고, 부러움도 받았어요. 이때 저는 한국 비구니들이 아직 칭찬 받을 만한 것이 못 된다고 생각했어요. 앞으로 수행과 학문 면에서 앞서야겠다고 생각하여 박차를 가해야한다고 결심했어요."

그 당시에도 한국 비구니의 위상은 최고였지만, 명성 스님은 결코 안주하지 않았다. 안주는 곧 퇴보라고 생각한단다.

나는 여성의 몸으로 붓다가 되리라 라는 책으로 우리나라에서도 유명한 텐진 팔모 스님은 한국의 비구니들을 부러워했는데, 세계여성불자대회에서도 명성 스님을 만나면 좋아하고 따랐다고 한다. 위의를 갖추었으면서도 자애롭고, 따뜻하면서도 그 안에 서릿발 같은 법도를 지니고 있는 명성 스님이니 우러러보지 않을 수 없었으리라.

명성 스님이 학인들에게 주는 첫 번째 가르침은 "한 포기의 작은 풀도 이미 얻어진 자신의 삶에 책임을 다하고 성실함을 기울이듯이, 수행자로서 확고한 원력을 세워라."는 것이다.

"아무 목적의식 없이 맹목적으로 따라가는 식의 출가는 자신에게도 도움이 되지 않아요. 큰 서원을 세웠다면 정진불퇴의 삶을 살아야 합니다. 부처님께서는 열반에 들기 전 마지막으로 '게으르지 말고 부지런히 공부에 힘써라.'고 하셨습니다. 자신을 극복하는 것이 세상에서 가장 어려운 일이지만 수행자는 그러해야 하는 것이지요."

스님이 평소에 즐겨 쓰는 단어는 즉사이진即事而眞이다. '모든 일에 입각해서 진실되라, 참되라, 성실하라.'는 것이다. 그리고 물물각득기소物物各得其所라, '물건 물건마다 자기 위치를 지켜야 한다.'는 말이다. "자기 위치에서 자기답게만 하면 모든 것이 다 이루어질 수 있어요."라고 한 마디 덧붙인다. 사회에서도 통용되는 가르침이지만, 실천하기란 얼마나 힘이 드는가. 스님의 이런 말씀에 '학인들이 참 힘들겠다.'는 생각이 들었지만, 그 말은 차마 못했다. 그 대신 생활지도부 선생을 담당하였을 명성 스님께 지도방법의 비결을 물었다.

"저녁에 학인들이 시끄럽게 떠드는 소리가 들리면 한 번 야단칠 것을 혼자서 참고 또 참고 세 번쯤 참으면, 학인스님들이 내 마음을 어떻게 알았는지 그냥 조용해져요. 그래서 내가 야단칠 일이 없어져요."

아, 그냥 당신이 참고, 참고 또 참는 인욕보살이구나 하는 생각이 들었다. 환하게 웃는 스님의 얼굴 위로 인욕의 꽃 한 송이가 피어있는 듯했다.

명성 스님은 하루를 기도로 시작해서 기도로 끝내는 수행자로도 정평이 나 있다. 문수기도와 관음기도는 한 번도 빠져 본 일이 없단다.

"아침에 못하면 저녁에 하고, 밥을 먹지 않더라도 기도는 빠뜨려서는 안된다는 것이 저의 철칙 중 하나입니다. 여행 중에는 비행기 속에서라도 합니다. 나의 생활은 기도 속에서 산다 해도 과언이 아닙니다."

자신을 정복하고 극복하는 것이 가장 어렵다고 하지만, 그러한 수행자를 바로 눈앞에서 뵙고 있다. 스님의 기도 내용은 무엇으로 채워져 있는지 궁금하였다.

"옛날부터 지금까지 살아오면서 지은 많은 죄업을 참회합니다. 그리고 부처님께서 세운 열 가지 발원을 축원합니다. '삼악도를 여의게 해 주소서, 탐진치를 여의게 해 주소서, 모든 중생을 제도하게 해 주소서, 나도 부처님 삶 같이 살게 해 주소서'라고 기도하지요. 그리고 학인스님들이 경을 보는 데 아무 장애가 없기를 기도합니다."

스님은 '진정한 기도란 복 짓는 삶을 사는 것'이란다.

"복 받을 짓은 하지 않고 복 받을 일을 생각해서는 안되지요. 자신이 복을 지어야 복을 받는 것이 인과법이기에 '복을 지어라'고 강조하고 싶어요. 나 자신이 관세음보살기도를 하면 내가 관세음보살이 되어야 자비가 우러납니다. 문수보살기도를 하면 문수보살처럼 지혜 있는 나 자신이 되어야 합니다. 남의 관세음보살, 남의 문수보살이 되지 말고 자신의 문수보살, 관세음보살을 찾으세요."

지금까지 운문승가대학을 통하여 1,780명의 학인들을 졸업시켰다. 운문승가대학은 사관학교만큼이나 엄중하다고 소문이 나 있다. 그런데 지원자들 중 낙오자 없이 전부 다 졸업할 수 있었던 비결은 무엇일까?

"자기들이 공부를 열심히 하니 졸업했겠지요. 세상에 나쁜 사람은 한 사람도 없어요. '너는 틀렸다, 너는 못쓴다.'고 말하는 것이 아니라, 너는 틀렸지만 앞으로 노력하면 더 잘할 수 있다고 말합니다. 칭찬이 교육의 비결입니다. 용서도 관세음보살의 덕목 중 하나이지요. '나쁘다, 나쁘다' 하는 것은 그 사람을 더 나쁘게 만드는 것입니다."

명성 스님은 교육자로서 인욕과 칭찬을 가르침의 으뜸으로 삼고 걸어오신 것이다. '덕이 있으면 반드시 이웃이 있다.'고 했던가. 정치를 하더라도 덕이 있어야 하고 수행자도 덕망이 있어야 한다. 남을 이해하고 관용을 베풀고 아랫사람은 윗

사람을 존경하고 윗사람은 아랫사람을 감싸주어야 한다. 명성스님 곁으로 부는 훈훈한 바람은 겨울의 매서운 추위와 눈보라도 다 녹일 것 같다. 스님에게도 힘든 일, 화난 일이 있었을 터인데, 어떻게 극복하시는지 궁금했다.

"힘들다고 느낀 일이 없어요. 하고 싶은 마음, 기쁜 마음으로 일을 하면 힘들다는 생각이 들지 않아요. 저는 '고단하다, 힘들다'는 생각 때문에 더 피곤하고 힘들어진다고 생각해요. 그 마음을 바꾸면 더운 것도 참을 수 있고, 추운 것도 참을 수 있고, 힘든 것도 참을 수 있지 않을까요?"

학장 소임을 맡아 20년 넘게 한결같이 해내었다. 지금은 한문불전대학원 원장이다. 한문불전대학원은 2년 과정의 조계종 교육기관으로 우리나라 승가대학 중 운문사 한 군데 뿐이다. 강원 졸업 후 경전을 전문으로 더 공부하고 싶은 사람이 진학해서 공부하는 곳이다. 불교계에 바라는 열망이 있다면 무엇일까?

"샤카디타(세계불교여성대회)나 해외 세미나에서 보면 우리나라 대표들은 영어가 부족해요. 언어 장벽을 극복해야만이 한국불교가 커진다고 생각해요. 스님들의 교육에 반드시 영어가 필수로 들어가야 합니다."

이 시대엔 외국어 교육이 참으로 중요하다. 운문사에는 오래 전부터 영어 회화반이 있고, 어학실습실도 여느 대학 못지 않게 잘 갖추어져 있다.

불자로서의 올바른 신행에 대한 지침을 듣고 싶었다.

"불자다운 불자가 되어야 합니다. 부처님의 말이 아니면 하지 않고 부처님의 행동이 아니면 행하지 말아야 합니다. 법화경 서문에도 나오는 즉사이진卽事而眞이라는 말을 들려주고 싶어요. 큰 일 작은 일이 있지만, 모든 일에 최선을 다해야 합니다. 예를 들면 적은 일에 공금을 쓰는 사람은 큰일에도 공금을 가져다 쓸 수 있는 사람입니다. 적은 돈을 함부로 쓰는 사람은 큰돈도 함부로 마음대로 쓸 사람임을 알아야 해요. 모든 일에 입각하여 언제든지 참답게 진실해야 합니다."

요즈음 자기관리를 못하는 사람이 많아서인지 서점에 가면 자기경영이나 자기개발에 관한 책이 넘친다고 했더니 스님은 깜짝 놀라는 얼굴이다.

"현대인들은 자기관리가 힘든가요? 자기관리를 잘하려면 먼저 자기 자신을 잘 알아야 합니다. 내가 누구인지 명상을 통하여 나를 알아야 합니다. 부처님의 가르침에 입각해서 사는 것이 자기관리를 잘하는 것이지요. 부처님의 마음으로 살면 부처로 사는 것이고, 도척의 마음으로 살면 도척으로 살겠지요. 자신이 부처님이라고 확실하게 생각하면 몸과 마음을 통해서 나쁜 일을 할 수 있겠어요? 자신을 부처님이라 생각하고 나쁜 행위를 짓지 않도록 하는 것이 '자기관리'라고 생각합니다."

어느 말씀 하나 진실해서 헛되지 않으니 그야말로 진실불허眞實不許이다. 스님은 '별로 들을 것도 없는 노인네 말을 참고 잘 들어주어서 고맙다.'면서 하얀색 진주 단주를 내 팔목에 채워 주었다. 이럴 땐 어떻게 해야 할지 갑자기 멍멍해지는 느낌이다.

온몸과 마음으로 스님의 가르침을 듬뿍 받고 밖으로 나오니 실비가 내린다. 우산 속의 스님은 더욱더 소녀 같다. 청정한 분의 얼굴은 맑고, 눈은 빛나고, 미소는 깨끗하여 눈이 부시다. 명성 스님을 두고 '꽃의 웃음처럼, 새의 눈물처럼, 그윽한 후박꽃과 같은 스님의 향기'라고 그랬다. 인터뷰를 마치고 보니 스님은 꼭 그러하다. 도량은 묵언 속에서 법우法雨인 양 가만가만 비에 젖고 있다.

명정 스님

1959년 해인사로 출가, 1960년 통도사 극락암에서 경봉 스님의 시자가 되었다. 1961년 경봉 스님을 계사로 사미계, 1965년 비구계를 수지했다. 이후 40년 넘게 운수납자로 평생을 참선 수행에 전념해 왔다. 현재 영축총림 극락선원 선원장으로 있다. 저서로 〈경봉 스님 말씀〉〈삼소굴 이야기〉〈경허집〉〈한암집〉〈신심명〉〈茶이야기 禪이야기〉 등이 있다.

하루 종일 퍼붓는 소나기는 없다

밤새 달빛 내려와 노닐었던 마당을 스님 한 분이 대빗자루로 쓱쓱 쓸고 있다. 굴러다니는 한두 잎의 가랑잎을 쓸어낸다기보다는 자신의 마음속 무언가를 쓸어내고 있을지도 모를 일이다.

주인은 열반에 든 지 오래건만 삼소굴에서 아침 연기가 피어오른다. 근대 한국 선종사에 우뚝 솟은 큰 봉우리인 경봉 스님께서 머물렀던 삼소굴에 생전(生前)처럼 불을 지피는 것이다. 누군가 아궁이에 장작을 넣어놓고 잠시 자리를 비웠나 보다. 아궁이 앞에 앉아 부지깽이로 장작불을 채근해 보았다. 아궁이 입구를 막아놓고서 삼소굴 툇마루에 앉아보았다. 겨울의 차가운 공기가 온몸을 감싸면서 정신이 번쩍 들게 한다. 경봉 스님 가신 지 오래지만 미닫이문을 열고 밖으로 나오시면서 "여기 극락에는 길이 없는데 어떻게 왔는가?" 하고 물으실 것 같다.

명정스님

효상좌로 이름 난 명정 스님은 추운 겨울이면 삼소굴이 행여나 추위에 떨까 걱정되어 아침저녁으로 불을 때 다습게 한다. 명정 스님은 경봉 스님이 입적하실 때까지 줄곧 곁에서 시봉을 하며 일거수일투족을 지켜보았으며, 지금도 극락암에 머물면서 경봉 스님이 남기고 간 정신과 유물을 지키고 있다.

명정 스님은 차의 대가이자 선객으로 널리 알려져 있건만 자신의 그런 명성보다는 '경봉 스님의 상좌'라는 말 듣기를 더 좋아한다. 경봉 스님의 선풍과 차맥을 이어받았기 때문에 자신은 내세울 만한 것이 없다는 것이 명정 스님의 생각이다.

금빛 아침 햇살이 창호문을 비추고 있다. 명정 스님께서 끓는 물을 화로에서 내려놓은 지 한 시간여가 지났다. 차는 뜨거울 때 마셔야 되는데 스님은 어쩌자고 찻물을 저렇게 식히고 있는지 객의 마음은 걱정스럽다. 이런 마음을 아시는지 모르시는지 명정 스님은 몇 뭉치나 되는 경봉 스님의 사진을 낱낱이 보여주신다. 시절이 하 수상하여 경봉 스님의 사진집을 출간하여 근현대 한국 불교의 역사를 사람들에게 널리 알리고 싶은 것이 명정 스님의 발원이다. 경봉 스님은 19세부터 85세까지 66년 동안 일지 형식으로 쓴 일기를 남겼는데, 이 일기에는 당시의 사회상과 한국 불교가 그대로 담겨있어 중요한 유물로 남았다. 경봉 스님의 사진 또한 한국 불교의 근현대사를 아우르고 있는 중요한 자료이기에 이것 또한 의미 있는 작업이다.

명정 스님은 다관에 찻잎을 듬뿍 넣으면서, "차는 뜨겁게 마시는 것이 아녀. 물의 온도가 우리 체온과 비슷해야 차의 참맛을 알 수 있지."라고 하신다. 우려낸 차는 색과 향이 진하다. 입안에 감도는 맛이 진하다 못해 알싸한 맛이 느껴진다. 하지만 명정 스님의 차를 마시고 나면 잡스런 맛이 없는 담백함에 반하게 된다. '한 잔의 차에 선가禪家의 살림살이가 모두 들어있다.'는 말이 있듯이, 명정 스님께서 우려낸 차 맛에는 은사 스님으로부터 받은 화두만큼이나 지중한 수행과 시간이 녹아있다.

"다기는 작은 것으로, 마음 씀도 7세 이전으로, 물도 적게, 온도도 뜨겁지 않게, 찻물도 몇 방울로, 이렇게 마음의 뜨락을 적시며 자신에게로 회복廻復해 가는 것이지."

짙은 한 잔의 차는 우리의 영혼을 깨우고 해탈시켜 주는 선가의 음료인가 보다. 다선일여茶禪一如의 깊은 뜻을 이해할 수 있을 것 같다.

은사 스님의 입적을 앞두고 슬픔은 가슴을 채우고도 남을 만큼 깊었지만 드러내 놓고 울 수도 없는 일, 그래서 한마디 여쭈었다.

"스님께서 가시고 나면 뵙고 싶습니다. 어떤 것이 스님의 참모습입니까?"

"야반삼경에 대문 빗장을 만져 보거라."

경봉 스님은 웃으시면서 이 한 말씀을 남기고서 원적에 드셨다. 화두와도 같은 경봉 스님의 이 한마디는 두고두고 회자되고 있으며 아직도 많은 사람들이 명정 스님께 물어 온단다. 명정 스님 왈, "조주 화상 시절 같으면 '차 한 잔 마셔 보면 안다.' 하면 될 터이고, 운문 스님 같으면 '떡이나 먹게.'라고 한마디 툭 던지면 되는데, 그런 시절도 아니니 답하기 곤란하지. 선구禪句는 설명하면 사구死句가 되고 또 한 생각도 일어나기 전에 벌써 허물이 설악산만큼이나 커지는 이 집안의 사정을 어떻게 표현해야 사람들이 이해할지…"

명정 스님은 궁색하지만 답변을 준비해 보았단다.

"야반삼경에 대문 빗장을 만져 보거라 하는 말은 설명을 들으려 하지 말고 바로 그대로 알아야 해. 세상의 비밀이란 남이 모르게 하고 보지 못하고 듣지 못하게 하는 것이지. 그렇지만 부처님의 비밀은 몽땅 드러내어 귀를 뚫고 말해주고 자세히 설명해 주어도 모르는 것이니, 오늘 밤 삼경에 대문 빗장을 한 번 더 만져 보게."

명정 스님의 답변 또한 어렵기 매 마찬가지다.

"선문에 원앙수출종군간鴛鴦繡出從君看 막파금침도여인莫把金針渡與人이라는 말이 있어. 원앙새를 수놓아 보일지언정 바늘까지는 주지 말라는 뜻이지. 원앙새를 수놓는 것이 일호一好의

끝 경지야. 그런데 그 일호는 자기가 미치고 환장해서 헤매고 땀 흘리며 찾는 보물이지, 바늘을 챙겨 준다고 해서 수를 놓을 수 있는 것은 아니거든. 그러니 바늘을 줘봐야 쓸데가 없는 거지."

공부라는 것은 손안에 쥐어 줄 수도 없지만, 설령 품 안에 넣어 준다고 해서 깨닫는 것이 아니니 스스로 탐구하고 노력하라는 말씀이다. 명정 스님은 무슨 말씀이든 이렇게 우회적으로 하시지, 직설적으로 하시지 않는다.

경봉 스님의 유품으로 당대의 선지식들과 서간으로 선문답을 주고받았던 편지와 66년간 기록한 일기는 몇 가마니가 되었다.

"한 삼 년 동안 두문불출하고 초서체로 씌진 스님의 글을 파고들었지. 내 책상 앞이 둘러 꺼졌어. 이걸 어떻게 풀이해야 하나, 이게 무슨 뜻인고, 의자에 앉아 꽤나 끙끙거렸지."

명정 스님은 불가佛家뿐만 아니라 나라 안에서도 손꼽힐 정도로 초서 번역에 아주 능하다. 경봉 스님은 일찍부터 명정 스님의 한문 실력을 간파했다. 어느 날 경봉 스님께서 다른 절의 낙성식 글을 읽어보라고 했다. 그때 명정 스님이 덧붙인 몇 마디가 스승을 놀라게 했으며, 이런 일이 몇 번 거듭되면서 상좌의 글 솜씨며 한문 실력을 인정했다. 경봉 스님은 당신의 책과 일기 등 책갈피 안쪽마다 '증 명정선자' 贈 明正禪子라는 글과 함께 게송까지 덧붙여 남겨놓았다. 명정 스님은 은사 스님의 뜻을 받들어 **경봉 스님 말씀, 경봉일지**를 비롯하여 당대의 선지식들과 주고받은 서한집 **삼소굴 소식** 등을 출간했다. 유난히 기록을 꼼꼼하게 했던 경봉 스님의 글들이 세상 밖으로 모습을 드러낼 수 있었던 것은 명정 스님이 있었기에 가능했다고 사람들은 말한다. 경봉 스님의 고졸하고도 담백한 문장이 명정 스님의 손끝에서 번역되어 많은 사람들에게 극락암의 수행 가풍과 선향을 맛보게 하였으며, 몇몇 사람들은 출가의 길을 걷게 되는 인연을 지었다.

차를 우려내는 명정 스님의 손길은 급하지도 느리지도 않다. 그런데 스님의 말씀은 286컴퓨터처럼 더 느릿느릿하다. 586컴퓨터에 익숙한 지라 그 느림이 답답하기는 했지만, '이 산중까지 와서 객진번뇌客塵煩惱와 급한 마음을 내려놓지 못하면 언제 마음공부 할라나?' 그런 일갈로 받아들이기로 했다.

"은사님은 뜻이 통하고 말귀를 알아듣는 눈 밝은 납승이 찾아오시면 '시자야, 염다래拈茶來 하라.'고 이르셨어. '차 다려 오라.'는 말인데 그것이 그렇게 멋스럽게 들리데. 동도동격同道同格의 눈 열린 이에게 최상의 대접은 일완청다一椀清茶지."

명정 스님은 눈 밝은 이, 눈 어두운 이를 가리지 않고 누가 와도 차 한 잔을 내놓으니 조주 스님의 청다清茶 고사를 떠올리게 한다.

명정 스님은 극락암에 붙박이처럼 있으면서 경봉 스님의 시자로만 있었던 것이 아니라, 안거철이 되면 걸망지고 선방을 오갔다. 그런 운수납자의 생활이 40여 년이 넘는다. 명정 스님께서 한마디 툭 던지는 말씀이 바로 선어가 되고 선시가 되는 연유가 여기에 있다.

"사요소요死了燒了라. 죽어서 화장막에 가서 태워버리면 한 줌의 재가 되리니 너의 주인공은 어느 곳에 있는가? 선종은 여기서부터 시작되는 것이지. 그래서 선은 학문일 수 없고, 오히려 이지理智가 침몰된 뒤부터 시작되는 것이라 할 수 있지."

어느 선원에서 경봉 스님께 '영산회상의 꽃을 들어 보인 도리'와 '조주의 앞니에 털이 난 것' 그리고 '서산의 고기에 뿔이 난 도리'를 물어왔다. 여기에 경봉 스님께서는 이렇게 답하였다.

몇 군데나 이렇게 물었나
일구一句 도리를 해결하지 못했구나
고인들이 씹던 지게미를 탐하지 말라
보검으로는 송장을 베지 않노라.　　笑(미소)

"옛 도인들은 한 가지 이치로 넉넉하게 통하는 도리를 즐겼던 분들인데, 그 도인들이 씹던 지게미를 가지고 번거로이 묻는 것은 허물이 크다는 말씀이지. 실제로 자기가 수행을 해서 어떤 경지를 얻으면 구태여 말을 궁리해가며 선문답을 할 필요가 없어. 이 도리는 말이나 글로 어떻게 해볼 수 있는 것이 아니고 또 설사 그렇게 알았다 하더라도 한 푼어치도 필요가 없는 것이야."

극락암에 오면 고즈넉한 산사의 풍광에 반하게 되고 어쩐지 참선이나 명상수행을 통해 도인이 되고 싶은 욕심이 생긴다. 그러면 사람들은 명정 스님께 불쑥 묻는다.

"바쁘고 분주한 일상생활 가운데 정신집중을 하고 싶어도 할 수가 없어요. 그 방법이 있습니까?"

그러면 스님은 청매조사의 이야기를 느린 어조로 들려주곤 한다.

"조선시대 선조 때의 청매 조사는 고요한 산중 선방에서 나와 일부러 시끄러운 장터로 공부하러 다녔어. 사람들이 붐비는 장바닥 한 구석에 앉아서 공부를 하는데 공부가 순일하게 잘 되면 '오늘은 장을 참 잘 보았구나.' 하고 공부가 잘 되지 않는 날이면 '오늘은 장을 잘 못 보았구나.' 하며 자기의 공부를 점검했어. 청매 조사는 앉으나 서나 오나가나 시간과 장소를 가리지 않고 참선을 했지."

인간의 업식業識은 수만 년 열심히 본능적으로 밑 빠진 독을 채워 왔기에 그 업식을 바꾸려면 극심한 고통을 맛보지 않으면 안된단다. 힘들고 잘 안되는 일일수록 집중적으로 반복해서 단련하는데 진정한 묘미가 있는 것이란다. 명정 스님은 말미에 "그렇다고 참선이 아주 어려운 것도 아니고 아주 쉬운 것도 아니야. 참선은 우리의 생명 그 자체지."라고 덧붙인다.

"사람은 옹골찬 신념이 있어야 해. 신념이라는 것은 행선지요, 표지판이야. 만약 행선지가 없는 차車라면 얼마나 우습겠는가. 얼마나 무모하게 헤매고 다니는지를 생각해 보면 행선지가 얼마나 중요한지 알겠지. 그래서 이 신념이란 진리의 이상향을 향해 가는 원동력인 것이야."

산중에 계시지만 산 아랫동네의 소식을 훤히 꿰고 있는지라, 명정 스님은 민중들의 삶이 어렵다는 소식에 가슴 아파하셨다.

"우리의 일상생활 가운데 평소의 마음가짐이 얼마나 중요한가를 알아야 해. 마음에 따라 거지도 되고 왕자도 되며 생각에 따라 지옥과 천국이 판이하게 벌어져. 희망에 부풀이 밝게 사는 사람과 그렇지 못한 사람은 살아가며 생각하는 발상부터 무언가 다르고 차이가 나지. 아무리 역경에 처해 있더라도 겨울이 지나면 봄이 오듯이, 참고 견디어 밝은 희망을 가슴에 안고 있으면 머지않아 축복이 오리라는 신념을 지니고 살아야지. 하루 종일 퍼붓는 소나기는 없으니까."

경봉 스님은 극락암에 왔다가 내려가는 사람들에게 "대문 밖을 나서면 돌도 많고 물도 많으니 돌부리에 걸려 넘어지지도 말고 물에 미끄러져 옷도 버리지 말고 잘들 가라."는 말씀을 하셨다. 명정 스님은 "마음속으로 밝고도 원만한 생각을 지닌다면 거기가 바로 극락인 것이니, 다시는 극락암을 찾지 말라."고 이르신다.

스님, 무슨 그런 섭섭한 말씀을 하세요.

산목련 꽃향기 들으러 와야지요. 향기 소리 깊은 곳에 차 한 잔 마시러 와야지요.

밀운 스님

1934년 황해도 연백 출생. 54년 영주 초암사에서 대오 스님을 은사로 출가. 비로사에서 무강 스님을 계사로 사미계 수지. 67년 비로사와 봉선사에서 교과 수료. 71년 봉선사에서 석암 스님을 계사로 보살계와 비구계 수지. 72년 봉선사에서 운허 스님 문하에 건당. 82년 스리랑카 승가사범대학 미투라박사학위(삼장법사). 1983년 스리랑카 국립 푸리베나대학에서 명예철학박사 학위를 받았다. 1983년 동국대 행정대학원, 고대 경영대학원과 1985년 서울대 행정대학원 발전정책과정 수료. 불국사, 통도사, 해인사, 수덕사 등 제방선원에서 안거. 대한불교조계종 제5~9대 중앙종회의원 역임. 재무부장, 총무부장, 부원장, 법규위원장과 봉은사, 봉선사 주지 역임. 2004년 해인사에서 대종사 법계 품수. 지금은 봉선사 회주이며, 조계종 원로회의 의장으로 있다.

부처님처럼 행하면 그가 바로 부처님

 밤새 내린 눈이 온 세상을 순백으로 만들어 놓았다. 봉선사 가는 길은 아름다웠다. 광릉을 지나 봉선사로 들어가는 도로 양쪽으로 펼쳐지는 풍광은 겨울의 참맛을 맛보게 한다. 봉선사 일주문 안으로 들어서자 포행하는 스님들과 마주쳤다. 겨울의 깊은 침묵 속에서 묵연한 스님들의 얼굴을 본다는 것, 그것이 바로 마음 공부였다. 몇 백 년의 세월을 이어 온 느티나무도 눈꽃을 활짝 피우고 있다. 대웅전이라는 현판 대신 '큰법당'이라 쓴 한글 현판이 눈에 들어왔다.
 밀운 스님이 주석하시는 피우정避雨亭 앞에 섰다. 거의 다섯 해 만에 뵙는다. 밀운 스님의 목소리는 예나 지금이나 카랑카랑하시고, 얼굴엔 수행자의 기상이 가득하다. 어디에서도 팔순이라는 나이는 찾아보기 힘들다. 팔순이 넘은 지금도 새벽이면 108배를 하시는 스님의 수행과 무관하지 않을 것이다. 밀운 스님의 거처는 예나 지금이나 조금도 변한 것 없이 소박하다. 앉은뱅이책상과 다탁만이 놓여있다. 먼저 조계종 원로

의장에 선출되신 것을 축하드렸다. "종단의 중책을 맡고 계시는 만큼 거처도 좀 넓고 번듯해야 하지 않느냐?"고 했더니 "이 방이 좁습니까? 수행자의 방이 넓을 필요가 뭐 있습니까? 이 방에서 수행도 하고, 손님이 오면 손님을 맞고, 무엇을 해도 좁지 않은 공간입니다."라고 명쾌하게 답하셨다.

"내가 봉은사 주지에서 물러나와 이곳에 머물게 되었으니 벌써 이십 년도 넘었지요."

밀운 스님의 거처인 피우정은 유명하다. 대한민국 임시정부 국무위원이었던 운암 김성숙(태허 스님)이 거처로 사용하였기에 유명하기도 하지만, 수행자로서 올곧게 사시는 밀운 스님이 오랫동안 머물러 계시기에 유명하지 않나 싶다.

스님의 방엔 직접 지으신 액자와 주련들이 많다. 우선 행·초서로 쓴 액자의 뜻을 알고 싶어 하니, 직접 지으신 게송을 설명해 주셨다.

無量公案 佛祖妄語 무량공안 불조망어
衆生妄想 佛祖本性 중생망상 불조본성

"무량공안은 부처와 조사의 망어요, 큰 뜻은 딴 곳에 있다. 중생이 일으킨 망상이 바로 부처와 조사의 본성이다는 뜻입니다. 석가모니 부처님이 영산회상에서 연꽃을 든 그 모습에 속아서는 안되고, 가섭존자가 연꽃을 보고 웃었는데 그 웃음에 속아서는 안됩니다. 부처님이 왜 연꽃을 들었는지를 볼 줄 알아야 하고, 가섭존자가 왜 웃었는지를 알아야 하는데 사람들은 겉모습만 보려고 합니다. 부처다, 중생이다 하지만 망상 일으키는 그 마음자리가 바로 부처와 조사의 본성입니다. 본래 우리 본성은 청정한데 오염된 한 생각을 일으켰기 때문에 망상인 것이라. 사람들은 우리 마음이 본래는 청정한데 번뇌 망상에 가려져 있다고 하는 데, 가려져 있는 것이 아니라 번뇌 망상도 다 청정한 그곳에서 나오는 것입니다. 중생이 망상을 일으키기 전 그것이 바로 '나'이고 이것이 바로 자성입니다."

어떻게 하면 부처와 조사들의 거짓말을 알아차릴 수 있는지 여쭈었더니 자기 스스로 공부해서 알아차려야 하는 것이지 누가 가르쳐 주어서 알 수 있는 것이 아니란다. 깨달음은 문자와 언어로 전할 수 있는 것이 아니라 마음에서 마음으로 전하는 것이라고 선가에서는 말한다. 하지만 우리들은 눈에 보이는 것에서 무언가를 읽어내고 알아차리는 것에 익숙하기에 선기의 가르침이 어렵기만 하다.

밀운 스님께서는 佛行佛 僧行僧 人行人^{불행불 승행승 인행인}이라 쓰여 진 액자를 가르치면서 일화 한 토막을 들려주셨다.

"출가 후 군에 갔었는데, 은사 스님인 대오 스님과 동암 스님이 면회를 오셨어요. 두 스님께서 나누시는 대화 중 얼핏 '부치님이 시원찮다.'는 말을 들었어요. 그때부터 '부처면 다 똑같지. 시원찮은 부처도 있을까?' 하는 의문을 품었어요. 무엇을 해도 이 한 생각이 머리를 떠나지 않았어요. 오매불망 그것만 생각했으니 화두가 되었지. 그렇게 공부를 하던 중 佛行佛불행불이라는 생각이 스쳐 지나갔어요. '시원찮은 부처님이 어디 있나? 부처님처럼 행하면 그것이 바로 부처님이지.'라는 생각이 떠올랐는데 그렇게 기쁠 수가 없었어요. 동암 스님에게 바로 달려갔지요. 자초지종을 말씀드리니 동암 스님은 크게 웃었어요."

 대오 스님과 동암 스님, 두 스님께서는 포천 동화사의 부처님을 보고 여법如法하게 모시지 못한 것이 안타까워 한 얘기였는데 이런 사정을 몰랐던 밀운 스님은 '시원찮은 부처'라는 말에 의문을 품었고, '부처님 중에 시원찮은 부처님이 있을까?'라는 의문이 화두가 되어, 참구 끝에 한 소식을 한 것이다. 그래서 쓴 시가 佛行佛 僧行僧 人行人 불행불 승행승 인행인이다. '부처님처럼 행해야 부처님이고, 스님답게 행동해야 스님이며, 사람답게 행동하면 그것이 바로 사람'이라는 뜻이란다.

 "그때의 공부가 평생 동안의 공부에 도움이 됐고, 아직도 그 힘으로 사는 것 같아요. 세속의 공부도 머리로만 외운 것은 자기 것이 아니에요. 특히 선공부는 스스로 체득해야 하며 그것을 내놓을 수 있어야 합니다. 중국 선승들의 말씀을 끌어다 법문하곤 하는데 그것은 별로 울림이 없어요."

밀운 스님은 요즈음 '나도 부처 너도 부처'라는 말이 유행처럼 번지고 있는 것에 대해 조금은 불편한 심기를 표하셨다.

"부처란 깨달았을 때 부처인 것이지, 깨닫지 못한 것을 부처라고 해서는 안됩니다. 석가모니 부처님께서 육년 동안 설산에서 고행하신 후 견성하였기 때문에 부처인 것이지. 깨닫지 못했다면 부처라고 했을까요? 그것을 한 번 생각해보아야 합니다. 그런데 나도 부처, 너도 부처, 개도 부처, 소도 부처라고 하는 데 나는 그것이 틀렸다고 생각해요. 깨닫지 못했으면 다 중생인 것이지. 단 부처의 씨앗인 불성은 누구나 다 가지고 있으며, 누구나 다 부처 될 가능성을 품고 있는 것이지요. 초목이나 바다 속 어류에도 불성이 있으며 그 불성에는 아무런 차이가 없습니다."

혜능 선사는 육조단경에서 '미혹하면 부처가 중생이요, 깨달으면 중생이 부처니라. 어리석으면 부처가 중생이요 지혜로우면 중생이 부처이니라. 마음이 험악하면 부처가 중생이요 마음이 평정하면 중생이 부처'라고 하였다. 밀운 스님의 말씀 또한 이와 같은 의미이리라. 중생과 부처가 따로 있는 것이 아니라 지혜로운지 어리석은지, 마음이 평정한지 번뇌가 들끓는지에 따라 부처도 되고 중생도 된다는 말씀은 참으로 무서운 가르침이다. 때와 장소를 가리지 않고 자신의 마음이 어디로 향하고 있는지를 점검할 일이다.

"사람과 동물과 어류와 초목의 불성이 왜 같은가 하면, 가령 내 몸에 들어있는 물이나 초목이 품고 있는 물이나 물고기의 몸에 있는 물은 그 성분이 다르지 않습니다. 단지 그 모양이 다를 뿐입니다. 자성이 불변하다는 것은 물이 지니고 있는 성질, 불이 지니고 있는 성질 등 그 자성의 경지는 변하지 않음을 뜻합니다. 반야심경에서 '제법공상 불생불멸 불구부정'이라 하지 않습니까? 우리 눈에는 보이지 않지만 허공계에는 많은 원소로 꽉 차 있습니다. 현대 과학으로는 체내의 원소 125개만을 분석하고 있는데, 부처님이 8만4천의 번뇌가 있다고 설한 것은 바로 우리 몸에 8만4천의 원소가 있음을 뜻하는 것입니다. 원소는 불변의 경지입니다. 인연에 따라 어떤 형태로 뭉쳐진다 하더라도 변하지 않습니다."

밀운 스님은 "우리 몸의 구성 원소는 크게 해서 오온이지만 쪼개고 쪼개보면 8만4천의 원소입니다. 오온을 색수상행식色受想行識이라 합니다만 지수화풍의地水火風意라고도 할 수 있지요. 다른 사람이 공부한 것을 자신의 시각으로 경전이나 사물을 새롭게 볼 수 있는 혜안이 필요합니다."라고 덧붙였다.

다음의 시는 피우정에서 칩거를 시작하면서 지은 시이다.

負木捨柴 寄避雨亭 부목사시 기피우정

不關風雷 開眼睡眠 부관풍뢰 기피우정

부목이 땔나무를 버리고, 이 정자에서 비를 피하려네.
태풍과 뇌성벽력도 상관하지 않고, 눈을 뜨고 잠에 들리라.

부목負木은 사찰에서 땔나무를 마련하거나, 아궁이에 불을 때는 등 온갖 허드렛일을 하는 사람을 뜻한다. 종단의 부목을 자처했던 밀운 스님은 종회의원을 비롯하여 총무원의 재무부장, 총무부장, 부원장 등의 소임을 맡아서 일했다. 봉선사로 들어오면서 땔감을 다 버렸다는 말이다.

"번뇌망상을 다 버리고 피우정에서 비를 피하고 있다는 것입니다. 피우정이란 집만을 의미하는 것이 아니라 이 지구가 다 중생의 피우정이 되는 것이지요. 지구에 살다보니 태풍과 번개가 몰아치기도 하지만 그것보다 더 무서운 것은 인간의 시기와 질투이니 그것에 관여하지 않겠다는 것입니다."

모든 것 다 내려놓고 봉선사로 들어올 때 스님의 심정을 절절하게 표현한 시이기도 하지만, 우리들에게 '번뇌와 시시비비에 물들지 않고 그대로 중생과 세상을 훤히 꿰뚫어 보는 지혜를 가져라.'는 가르침이기도 하다.

밀운 스님은 불국사, 해인사, 통도사, 수덕사, 봉선사 등 여러 선원에서 정진하셨다. 해인사 선방에서 살 때가 가장 기억에 많이 남는다고 했다. 성철 스님을 모시고 선원에서 공부할 때 원주소임을 맡았다. 대체로 원주소임은 잘 맡지 않으려 하지만 수행차원에서 자진하였다. 그때의 원주소임이 좌복 위에서의 공부보다 더 자신을 단단하게 만든 것 같다는 말씀을 하였다.

선방에서 치열하게 공부하셨던 노스님들은 "요즈음 선방은 많아졌지만 그에 비해 선승들의 공부 열기는 예전만 못하다."는 말씀들을 하신다고 했더니, 밀운 스님은 그렇게 생각하지 않는단다.

"요즈음 절에 들어오는 사람들은 이미 속가에서 대학 수준의 공부는 다 했기에 학식이 높아요. 예전엔 배고파 절에 들어온 사람도 많았고, 정화할 때 비구의 숫자가 모자라니 수준 미달의 사람에게도 승복을 입혔으니 질적으로 많이 떨어졌지요. 그에 비해 지금의 젊은이들은 모든 면에서 수준이 높아요. 이미 학식을 갖추었으니 수행에 대하여 조금만 건드려주면 깨닫기가 쉽지요. 그런데 요즈음 절집들이 너무 잘 살아요. 좀 배도 고프고 부족하게 살아야 공부가 되는데, 너무 풍족해요. 절집과 수행자는 좀 가난해야 돼요."

한참 인터뷰하시다 말고 오후 두 시가 되자 스님은 새 먹이를 주어야 할 시간이라면서 자리에서 일어나셨다. 잣이 가득 담긴 손을 내밀자 어디선가 수십 마리의 새들이 날아왔다.

박새라고 했다. 박새들은 한꺼번에 스님 손에 앉는 것이 아니라, 마치 순번이라도 정해진 것처럼 차례로 와서 잣 한 알씩을 물어갔다. 스님은 박새들이 한 알씩 물어가서는 땅속에 묻어두고 서너 번 정도 먹이를 물어간다고 했다. 색색의 아름다운 깃털을 가진 박새들은 스님 손에서 대화라도 나누듯이 한참을 머물다가 포르르 날아간다.

당신이 머무는 곳에서 최선을 다하는 것이 수행임을, 큰 일 작은 일 가리지 않고 최선을 다하는 것이 수행임을 밀운 스님께서는 몸소 보여주셨다.

스님께서는 다기에 뜨거운 물을 부었다. 진하고 뒷맛이 깔끔한 차맛이 일품이었다. 나는 연거푸 차를 청해서 마셨다. 밀운 스님의 말씀 한마디 한마디가 그대로 법문이었다. 앉은 자리에서 이렇게 자신의 수행과 사상을 명쾌하게 풀어낸다는 것이 쉬운 일이 아님을 알기에, 또 그만큼 내공이 있어야 가능한 일임을 알기에 객은 갈 생각도 하지 않고 자꾸 차를 청해 마신다.

밀운 스님의 방에 걸린 액자, 주련 등 이 모든 것들이 수행과 정진의 자취이기도 하다. 왼쪽 벽에 걸린 가로 액자가 어떤 뜻인지 궁금했다.

수덕사 만공 스님 기일 때 제문으로 올렸던 글이란다.

虛空震雷 宇宙生起 허공진뢰 우주생기

日月壞滅 是無遠近 일월괴멸 시무원근

만공 스님이 한 생각 일으키니 우주가 생겨나고,

또 한 생각 일으키니 일월이 무너졌다. 자성은 본래 나고 죽음이 없다.

여기에 담긴 일화를 들려주셨다. 1985년 성수 스님, 고산 스님, 원담 스님, 정무 스님, 설래스님, 해안스님과 함께 스리랑카 불치탑 순례를 갔다. 밀운 스님은 80년대 불교 성지인 스리랑카를 자주 찾았다. 스리랑카 승가사범대학과 국립 푸리베나대학에서 명예박사 학위도 받았다. 순례를 갔을 때도 밀운 스님은 여느 때와 마찬가지로 켄디 불치탑에서 108배를 했다. 새벽 108배를 마치자 불현듯 無遠近무원근이라는 생각이 선명하게 떠올랐다. 무원근이란 '멀고 가까운 것이 없는 것, 태어남도 죽음도 없는 그런 경지'를 뜻한다. 일행에게 알렸더니, 그 자리에서 원담 스님께서 송을 하시더란다. 그후 밀운 스님은 환희심으로 가득했고 게송을 하나 지어 만공 스님의 기일에 올렸다.

불교는 자비문중이란다. 내가 먼저 상대를 이해하면 힘든 일도 없고 안될 일도 없단다.

"산과 같고 물과 같은 마음이 바로 자비입니다. 우리는 그렇게 살도록 노력해야 합니다."

말없이 피고 지는 한 송이 꽃에도 말을 얹고 생각을 얹어 시시비비를 가리고 싶어 하는 것이 중생심인데 스님의 가르침대로 살기에는 너무 힘들다고 엄살을 부렸다.

"힘든 가운데 버려야 버리는 것이지, 쉬운 데서 버리는 것은 버리는 것이 아니지요. 복잡한 것을 놓아야 놓는 것입니다. 누가 좋아하거나 미워한다 해도 흔들리지 말아야 합니다."

밀운 스님에겐 안거철이 따로 없다. 봉선사 열반선원의 365일이 안거인 것이다. 올해 세수 80세인 밀운 스님의 목소리는 카랑카랑하고 안광이 빛났다. 선승에게서 느낄 수 있는 면모이다. 눈 쌓인 길을 되짚어 내려왔다. 밀운 스님께서 만드셨다는 연못이 추위를 견디다 못해 꽁꽁 얼어버렸다. 여름내내 단아한 꽃을 피워 올렸던 수련도 연못 안에서 동안거 결제에 들어갔겠지. 봉선사를 품고 있는 운악산이 오늘따라 더욱 높아 보인다.

무엇을 도와주고 무엇을 베풀어야 할지를 깨닫게 하는

그것이 공부이며 기도이니

설우 스님

1971년 원명 스님을 은사로 원적사 입산출가. 1975년 석암 스님을 계사로 사미계 수지. 1978년 구산 스님을 계사로 비구계 수지. 해인사, 통도사, 동화사, 수도암, 도성암 등에서 25안거 성만. 조계종 간화선 수행지침서 편집위원 역임. 지금은 법인정사 선원장이며, 조계종 승가고시 위원, 조계종 기본선원 교선사를 맡고 있다.

진정한 발심은
회향으로 완성된다

　소년은 외로웠다. 해가 설핏 지고 밤이 찾아오면 외로움은 더했다. 어린 소년을 남겨두고 절에 공부하러 간 부모님이 미워졌다. 법당에 근엄하게 앉아있는 부처님이 부모님을 빼앗아 간 것만 같아 금빛 부처님도 미웠다. 밤에 이불 속에서 훌쩍거리기도 했다.
　속가의 부모님이 절에 가서 공부하신다고 집을 많이 비웠기 때문에 소년은 주로 할머니 손에서 자랐다. 부모님은 불심이 깊어서 칠남매 모두가 출가하기를 원으로 삼았다. 불교를 모르는 소년은 부처님과 스님에게 부모님을 빼앗겼다고 생각하여 불교도 싫었다.
　어린 마음에 부모님의 사랑을 독차지하고 싶었다. 점차 커가면서 어머니의 관심과 사랑을 받는 것은 '불교를 좋아하는 것'이라 생각했다. 어머니를 좋아하는 정이 남달랐던 소년은 고등학교를 졸업하면서 바로 출가를 했다. 출가의 목적이 어머니를 기쁘게 해드리기 위함이었다고 해야 하나. 스님은 '어린 마음에 그저 외롭고 쓸쓸해서 출가했다'고 한다.

출가하겠다는 아들의 뜻이 귀하고 높아서 어머니는 삼배라도 올리고 싶었다. 어머니는 출가의 뜻이 행여나 식을까 사그라질까 싶어 얼른 청담 스님의 상좌인 원명 스님과 연을 맺어 주었다. 상주 원적사에서 행자생활을 시작했다. 원명 스님은 평생을 선승으로 살다 가신 분으로 참으로 부지런한 분이었다.

출가한 지 며칠 만에 은사 스님은 콩을 한 바가지 주면서 밭에 심으라고 했다. 콩을 두 알씩 넣어서 심으라고 했는데, 날은 덥고 일을 빨리 끝내고 싶은 마음에 콩 대여섯 알씩을 넣어서 심었다. 그런데 시간이 흘러 한 군데서 대여섯 포기씩 싹이 올라오는 것을 본 은사 스님은 크게 실망한 얼굴이었다.

"너는 출가할 선근이 없다. 자신의 마음을 속이는 것부터 배우니 집에 가거라."

은사 스님은 속가로 내쫓았다. 집으로 돌아 온 아들을 어머니는 조용히 타일렀다.

"출가는 정직하고 항상 깨끗한 마음을 가져야 하는 데, 네가 잘못했다. 스님께 가서 참회하고 빌어라."

다시 원적사로 돌아 온 상좌에게 원명 스님은 한 달 동안 '하루에 삼천 배씩 하라'고 명을 내렸다. 법당에서 삼천 배를 하니 힘이 들고 해서 집에 가고 싶은 마음 간절했다. 하지만 어머니를 실망시켜드려서는 안된다는 생각으로 참고 견디어 냈다. 인고의 세월을 보내고 나서야 수행자 설우 스님으로 새로 태어났다. 설우 스님은 세세생생 수행자였을 것 같다. 태어나기도 전부터 출가는 이미 예정되어 있었기에 불심 깊은 부모님을 선택한 것이 아닐까 싶다.

은사 스님을 모시고 육 년 동안 토굴 생활을 했다. 은사 스님은 무조건 일을 많이 하라고 가르쳤다. 나무 심고, 약초도 심고, 밭의 김도 매는 등 하루 종일 일하면서 화두를 들었다. 참선과 농사일로 바쁘게 사는 가운데 출가자의 참맛을 알아갔다. 이렇게 중물을 들이면서 출가의 연을 맺어준 어머니가 고마웠다.

청주에 위치한 법인정사에 들어서자 소박하면서도 정갈함이 느껴졌다. 무겁고 답답한 마음을 이곳 법인정사에 내려놓으면 좋겠다는 생각이 들었으니, 도량이 벌써 안심법문安心法門을 해주고 있는 셈이다. 설우 스님의 처소엔 '無位眞人'무위진인 이라는 현판이 달려있다. 무위진인- 법인정사에 들어서는 이들에게 덥석 안겨주는 화두일지도 모른다.

"붉은 몸뚱이에 한 사람의 무위진인이 있다. 항상 그대들의 얼굴을 통해서 출입한다. 아직 증거를 잡지 못한 사람들은 잘 살펴보아라."고 한 임제선사의 일갈이 들리는 듯하다.

설우 스님은 조계종 간화선 수행지침서 편집위원을 역임했고, 불교 TV에서 선요^{禪要} 강의를 하여 시청자들로부터 많은 찬사를 받았다. 고봉화상이 저술한 선요는 화두참선의 지침서로서 쉬운 책은 아닐진대 설우 스님은 그것을 쉽고도 재미있게 풀이하여 대중들의 인기를 독차지했다.

스님은 화두에 대한 설명을 시작으로 간화선을 풀어나갔다.

"화두는 논리와 분별심을 뛰어넘은 자기만의 체험의 경지에서 직관한 세계이기 때문에 그 세계에서 스스로 화두의 세계를 자락^{自樂}하는 것입니다. 즐기는 그 경지를 스스로 수용하여 일상생활에서 자유로움을 얻는 경지를 두고 화두의 힘을 얻었다고 말합니다. 화두공부는 세상에서 말하는 상대적으로 얻어지는 문답식의 공부가 아니며, 답이 있는 것도 아닙니다. 화두에서는 분별로 알음알이로 들어가는 것을 사구^{死句}라고 하지요. 화두 드는 자가 알음알이를 통해서 화두를 조금 짐작하게 되고 엿보게 되는 것은 스스로가 허망한 중생 업식^{業識}에 속는 것임을 알아야 해요. 활구^{活句}란 마음속에서 일어나는 모든 작용 즉 공안이든 아니든 모든 것을 차단하여 알음알이 분별의식으로는 접근할 수 없게끔 예리한 칼로 끊어서 도저히 알 수 없는 곳으로 몰입해 들어가는 것을 뜻합니다."

어떻게 하면 화두공부를 제대로 지혜롭게 할 수 있는지를 여쭈었다.

"우리 마음의 번뇌와 고통은 허공에 피어나는 아지랑이와 같아요. 번뇌와 집착 등 일상생활 속에서 느끼는 고통은 실체가 있어서 괴로운 것이 아닙니다. 모든 것이 밖에서 오는 인연에 의한 것이며, 내 마음의 판단에 의해서 괴로운 것으로 받아들이는 것이지요. 번뇌와 고통이 실체가 없는 것임을 알고 관한다면 화두 공부를 잘할 수 있어요. 옛 사람들은 '물속에 떠있는 달을 보면서 그것을 건지려는 것' 처럼 공부하라고 했어요.

또 선요에서는 '우물에 눈을 져다 메우는 것처럼 공부하라'고 합니다. 번뇌, 망상, 욕망의 그림자가 본래 존재하지 않는 허망한 것임을 알면서 지우려고 공부하는 것을 두고 우물에 눈을 져다 부은 것과 같다고 합니다. 눈 열 짐을 져다 우물에 부어도 아무 표시가 나지 않는 것처럼 우리의 공부도 우물에 눈 져다 붓는 것처럼 공부해야 한다는 것이지요. 그런데 우물에 흙을 한 짐 져다 붓고 두 짐 져다 부으면 져다 부은 만큼 우물에 표시가 있어요. 실체도 없는 번뇌와 망상, 야망의 그림자가 실제로 존재한다고 생각하여 없애려하고, 그것에 집착하는 것은 우물에 흙을 져다 메우는 것과 같아요."

우물에 눈을 져다 붓는 것이 선공부요, 마음공부라는 말에

겁이 났다. 선방스님들이 더욱 존경스러웠다. 설우 스님은 '우리는 기능적으로나 능률적으로나 부처님과 조금의 차이도 없음'을 강조했다.

"현실세계에서는 부처와 중생을 둘로 보고 있는데, 중생은 중생일 수밖에 없으며, 중생이 부처가 될 수 없어요. 왜냐하면 중생은 중생의 고유성이 있고 부처는 부처의 고유성이 있는데 어떻게 중생이 부처가 될 수 있겠어요! 나는 항상 '죄 많은 중생이요, 업이 많은 중생'이라 생각한다면 항상 업보 많은 중생심에 머물 수밖에 없어요. 본래 성불된 자리에서 본래 성불된 것을 깨닫기 위해서 하는 공부이기 때문에 닦을 바가 없는, 얻을 바가 없는 공부를 하라는 것입니다."

우리는 본래 성불했기 때문에 본래 부처이기 때문에 찾고 닦아야 할 그 마음이 따로 있는 것이 아니며 없애야 할 번뇌가 있는 것이 아니란다.

"화두는 본래 성불되어 있는 자리, 본래 청정한 자리를 알 수 있게끔 해주는 직로直路입니다. 모든 사유분별을 차단해 버리고 바로 우리 본성 자리를 화두로 참구해가면서 '알 수 없다, 알 수 없다, 조주 스님은 왜 뜰 앞의 잣나무라 했을까' 하고 그것 하나를 들고 의지해 들어가는 것이지요. '뜰 앞의 잣나무' 앞에서는 수만 권의 책도 소용없고 경전을 천 권을 읽어 독파를 해도 아무 힘이 없어요.

사람들은 공안을 동문서답이라 하는 데, 세상 사람들이 생각하는 것처럼 아무 정견과 법안이 없이 허공에 뜬구름 잡는 식으로 하는 말이 아닙니다. 그것에는 반드시 우리 본성을 확철하게 깨칠 수 있게끔 하는 직관해 들어갈 수 있는 법칙성이 있어요. 제자가 스승을 찾아가서 '부처가 무엇입니까' 하고 선문답을 하면, 스승은 제자의 질문에 세상살이처럼 비슷하게 풀어서 답하는 것이 아니고, 스승은 제자의 질문 자체를 뺏어 버립니다. 질문에는 분별심과 차별심이 이미 포함되어 있어요. 스승은 주관과 객관이 벌어져 있는 질문을 부수어 버립니다. 주관도 없고 객관도 없는 상대성을 완전히 부수어 버리는 소리가 바로 '뜰 앞의 잣나무' 인 것입니다. '뜰 앞의 잣나무'에는 부처도 중생도 번뇌도 보리도 주관도 객관도 없고, 알 수 없는 자리로 들어가게 합니다. 알 수 없는 그 자리는 바로 '연기법의 자리' 를 말합니다."

선문답은 선승들의 법거량이다. 선승들이 주고받는 선문답을 비공부인이 머리로 헤아리려고 하니 동문서답으로 들릴 수밖에 없는 것이다. 문득 옛 선사의 게송이 생각난다.

달빛은 집 앞에는 항상 어름이고

햇빛 비친 문 앞에는 나날이 가을이로다.

이런 맛을 아는 사람 없으니

친히 맛보아야 비로소 스스로 안다.

빠르지 않은 말투로 이해하기 쉽게 말씀하시는 설우 스님의 한마디 한마디는 듣는 이의 가슴에 파고든다. 스님은 선공부를 어렵게만 생각하고 선에 대한 고정관념을 가진 나의 마음을 눈치 챘는지 다음과 같은 일화를 들려주셨다.

남악 선사의 문하에 도일 스님이 들어왔다. 도일 스님은 누구보다도 열심히 밤낮을 가리지 않고 좌선수행을 하였다. 남악 선사는 그가 법기法器임을 한 눈에 알아보았기에 그를 어떻게든 이끌어주고 싶었다.

"자네는 아주 열심히 좌선을 하는 것 같은데 무엇 때문에 그렇게 하는가?"

남악 선사의 질문에 도일 스님은 답했다.

"좌선하여 부처가 되기 위해서입니다."

도일 스님의 말을 들은 남악 선사는 도량 한 귀퉁이에서 깨어진 기왓장을 들고 와 숫돌에 갈기 시작했다. 이를 본 도일 스님은 이상하게 생각하여 물었다.

"스님 무엇을 하시려는 겁니까?"

"거울을 만들려고 하네."

"기왓장을 아무리 간들 거울이 될 리가 없잖아요."

"그러면 좌선을 한들 역시 부처가 될 리는 없겠군."

정신을 차린 도일 스님은 "좌선을 해도 깨달을 수 없다면 저는 어떻게 해야 합니까?"하고 물었다.

남악 선사는 질문을 던졌다.

"소가 끄는 수레를 타고 가는데, 갑자기 수레가 멈춘다면 그대는 어떻게 할 것인가? 수레에다 채찍질을 하겠느냐 아니면 소에다 채찍질을 하겠느냐?"

도일 스님은 아무 말도 하지 못했다.

선을 하되 어떠한 모양이나 생각에 집착하여 얽매여있다면 마음공부하고는 천리만리 떨어진 것이다. 그 어떤 것에도 집착하는 바가 없으며, 좋다 나쁘다, 깨끗하다 더럽다 등 상대적이고 대립적으로 차별하는 분별심이 없는 것이 무상의 공부이다. 마음공부란 앉고 서고 그러한 모양새에 있는 것이 아니라 행주좌와行住座臥 어묵동정語默動靜 생활의 모든 것이 공부인 것이다.

흔히들 불교공부의 제일 중요한 덕목으로 정견正見을 꼽는다. 왜 정견이 중요한지를 여쭈었다.

"정견이란 모든 생명세계는 서로 연관 관계를 가지고 존재하고 있음을 자각하는 것입니다. 만물의 영장인 인간이나 벌레는 서로 어울림 속에서 관계 속에서 생명을 지탱해나가고 있으며, 모든 생명세계는 연기 속에서 평등하게 살아가고 있음을 알아야 해요. 연기 속에서 살고 있기 때문에 우리는 서로가 은인(恩人)으로 생각해야하고, 은인으로 생각하면 모든 관계가 은혜로울 수밖에 없습니다. 정견에 앞서 발심이 중요합니다."

내가 부처임을 알고, 이 법이 굉장히 귀중하고 놀라운 진리라는 것을 알게 되면 저절로 발심하게 되며, 이것이 발보리심이란다. 발심이 되면 축생을 보아도 자기 본래자리를 깨닫게 되고 무엇을 봐도 다 공부가 된다. 발심만 되면 3일만에도 성불할 수 있고, 발심만 잘 되면 그것이 그대로 회향이 된다.

진정한 발심이 어떤 것인지 여쭈었더니 설우 스님은 당신의 경험담을 들려주었다. 사십대 후반 때 회생이 어렵다고 할 정도로 몸이 아팠고 오년 동안 투병생활을 했다.

"부처님께 내 공부가 잘못되었음을 참회도 하고 그랬어요. 투병생활을 하면서 경도 보고 어록도 보았는데, 그때의 발심이 참발심이었던지 보는 것이 전부 그대로 이해가 되고 긍정적이고 모든 법에 막힘이 없이 수용이 되더라고요. 그동안 진정으로 내 자신을 관찰하는 공부가 부족했고 껍데기공부라는 것을 깨달았어요. 투병생활을 하면서 특별히 느낀 것이 있다면 공부는 살아가는 생활 속에서 해야 한다는 것입니다."

인생에 대해서 허망하고 허무하다는 생각보다는 이렇게 잠깐 왔다가 가는 것이 인생이라는 생각이 들었다. '참나'는 누구인가, 나는 과연 이렇게 살다가 어디로 가는가, 자신의 본질적인 면에 참구하게 되더란다. 본질적으로 파고 들어가면서 깨달은 것이 부처님의 삼법인이었다. 제행무상, 제법무아에 대해 확신이 서고 정리가 되었다.

오년 동안 산문 밖을 나가지 않고 자연 음식과 자연요법으로 치유하면서 병고를 이겨냈다. 은사 스님의 "한 세상 안 난 셈치고 공부하라."는 그 말씀이 무아의 사상과 직결되는 것임을 그때야 알았단다. 불법이 진정으로 나를 편안하게 해주고 나를 해방시켜 줄 수 있는 법이고 가장 나를 사랑해 줄 수 있는 법이고 나를 행복하게 해주는 법이라는 것을 깨닫게 되니, 이렇게 좋은 것을 사람들에게 회향해야겠다는 생각이 들었고 발심이 저절로 되었다.

별반 연고도 없는 청주에 바랑을 내려놓고 인연 있는 사람들과 의기투합하여 허허벌판에 법당을 마련하였다. 죽을 목숨이 살아났으니 어떻게든 회향하고 싶은 마음 간절하였다. 많은 사람들이 부처님의 가르침을 공부하고 실천하여 순간순간을 아름다운 삶으로 채우게 하고 싶었다.

법인정사에서는 특별히 참선을 가르치지 않는다. 교양대학에서 부처님의 정신과 부처님의 가르침을 익히고 나면 그 후 백일공부 기도를 시키는데 법당에서만 하는 것이 아니라 불지촌에서 봉사활동을 하게 한다. 불지촌은 봉사 단체인데 생활이 어려운 백오십 명의 사람들에게 날마다 도시락을 배달

해주는 등 이웃과 사회를 위한 끊임없는 봉사활동을 하고 있다. 이것은 스님을 비롯한 법인정사 신도들에게 마음공부가 되는 수행이기도 하다.

봉사활동을 통해 나의 현 위치를 알고 바라보게 만들고 내가 저 어려운 사람들을 위하여 무엇을 도와주고 무엇을 베풀어야 할지를 깨닫게 만든다. 이것이 바로 공부고 기도란다. 법당에서 염불하고 기도하는 것도 좋지만, 부처님의 가르침이 생활 속에서 살아 움직여야 한다는 것이 설우 스님의 철학이다. 봉사활동을 통하여 자아를 발견하는 등 지혜를 키우는 것과 동시에 인색함을 버릴 수 있도록 자비심도 증장시켜 나가는 것이다. 스스로가 자비심을 키워나가야 한다면서 "사람들이 어떤 경계에 부딪히면 인색함에서 벗어나지 못하는 것이 안타까워요. 그럴수록 그 인색함을 버리고 베푼다면 마음의 고요함을 얻게 되고 그것이 바로 공부를 익게 하는 것"이라고 덧붙였다.

마음공부는 일상생활을 위해서 하는 것이지, 공부를 위한 공부가 되어서는 곤란하다는 것이다. 스님의 말씀 한마디 한마디는 병고 속에서 온몸으로 체득한 산공부인지라 참으로 귀중하게 다가왔다.

꽃은 산 앞에서 웃으며 천기를 누설하고
새는 숲 밖에서 지저귀며 무생無生을 말하도다.

 # 설정 스님

1942년 충남 예산에서 출생. 1955년 수덕사에서 원담 스님을 은사로 출가했으며, 해인사 강원을 졸업했다. 수덕사 주지, 조계종 중앙종회 의장 역임. 해인사, 범어사, 봉암사 등 제방선원에서 수행. 30대에 검정고시를 거쳐 서울대 원예학과를 졸업했다. 지금은 덕숭총림 방장이며 서울 화계사 회주로 있다.

막히는 데서 시작하라

소년은 몸이 허약했다. 허약한 자식에 대한 모정이 두터웠던 어머니는 품에 안은 자식을 내려놓을 수가 없었다. 소년은 그런 애절한 모정 덕에 여덟 살 때까지 엄마 젖을 먹었다. 천식을 달고 살았던 소년은 몸이 약해질 대로 약해져 아홉 살 때는 일 년 동안 앉은뱅이로 살았다. 불심이 깊었던 아버지는 아들을 데리고 수덕사 대웅전 부처님 앞에 섰다. 아들의 건강을 기원하는 아버지의 기도는 간절했다. 아버지는 불교에 대한 학식과 신심을 갖춘 분이라 만공 선사로부터 계를 받았으며, 종정을 지낸 서암 스님과는 편지왕래를 했다. 만공 스님은 소년이 세 살 때인가 한 번 보더니 "이 애는 줄기 외에는 할 일이 없다."고 말했다.

아버지를 따라 나선 열세 살의 소년은 수덕사 법당의 부처님이 무섭지 않고 좋아졌다. 수덕사의 희유한 기운 덕택인지 맑고 깨끗한 산사의 공기 때문인지, 소년은 자신을 괴롭히던

지독한 통증이 사라졌음을 느낄 수 있었다. 병고에서 벗어난 아들은 훨달함을 되찾았고 아버지의 마음도 가벼웠다. 아버지는 산을 내려갔고, 소년은 수덕사에 홀로 남겨졌다. 어머니는 어쩐지 아들이 출가할 것 같은 예감에 사로잡혔다. 부지런히 수덕사를 오르내렸지만 그때마다 아들은 숨어버리고 어머니 앞에 나서지 않았다. 어느덧 칠 년이라는 세월이 흘러 소년은 스무 살 청년이 되었다. 만공 스님의 예언이 맞아 떨어졌다. 소년은 이젠 어엿한 출가승이 되었다.

소년의 병고는 부처 되기 위한 병이 되어 출가의 길로 이끈 하나의 방편이었다. 소년은 수덕사 행자가 되어 공양주와 채공菜供을 맡아 거뜬히 해내었다. 허약한 소년은 진흙소가 물에 들어간 것처럼 세월을 잊고 오롯이 수행에 자신을 바쳤다. 자신을 단속하고 담금질한 수십 년의 세월은 소년의 눈썹을 하얗게 만들었고, 그의 마음은 허공처럼 텅 빈 법기가 되었다. 한국불교의 새로운 역사를 만들어가는 수덕사 방장 설정 스님은 남다른 어린 시절을 보낸 희유한 분이다.

수덕사에서 동진출가한 그 공덕은 얼마나 높고 깊을까? 덕숭총림 수덕사는 한국 선禪의 중흥조로 불리는 선지식 경허 선사의 수행처이다. 경허 선사는 근현대를 빛낸 지지 않는 세 개의 달을 한국 불교에 내놓았다. 수월水月, 혜월慧月 그리고 월면月面 만공 스님은 모두 경허 선사의 제자들이다. 만공 스님의 제자인 혜암, 벽초, 원담스님은 수덕사의 선맥을 이었다. 설정 스님은 만공 스님의 손상좌로 원담 스님의 뒤를 이어 '선지종찰禪之宗刹 동방제일선원東方第一禪院'이라는 그 이름에 걸맞게 수덕사의 선풍을 가꾸어가고 있다.

이월의 하늘은 눈 시리게 푸른빛이었다. 볼에 와 닿는 바람은 차갑고 산색은 아직 겨울 빛깔이다. 정혜사로 가는 길은 하늘 길처럼 까마득해 보였다. 천팔십 개의 돌계단을 지나야 한다. 백팔 번뇌를 버리고 또 버리어 열 번을 채우다 보면 정혜사 도량에 가 닿을 것이다. 덕숭산은 멀리서 보면 그 기상이 늠름한 것이 거세어 보이지만 안으로 성큼 걸어 들어가 보니 엄마 품속처럼 포근하다. 흘러내리던 계곡물이 그대로 멈추어선 채 얼어붙어 있고, 소나무 아래엔 채 녹지 않은 흰 눈이 쌓여있는 아름다운 풍광은 떠나오기 전의 시공간을 잊게 만든다.

정혜사로 통하는 아치형의 바위 문을 통과하자 딱따구리의 청아한 울음소리가 적막한 숲을 흔들었다. 성聖과 속俗이 다르지 않다고 하지만 외부인의 출입이 금지된 정혜사 도량에 발을 들여놓는 순간 또 다른 성스러운 세계에 와 있음을 실감하였다.

창호문을 투과한 오후의 빛살은 투명했고, 그 넓은 공간을 통방울 같은 눈을 부라리며 달마대사가 지키고 있다. 아마도 선객들을 나그치고 계신 듯하다. 덕숭총림 방장이신 설정 스님께 나붓이 예를 올렸다.

선객들 사이에 정혜사 선원은 방부들이기도 어렵지만 구참 스님들이 많아 공부하기도 힘들다고 소문이 나 있다. 그 어느 곳보다 정진의 열기가 뜨겁다는 말이기도 하다. 정진의 열기가 뜨겁다는 말에 설정 스님은 웃으면서 "소문이 잘못 났구면." 한마디를 툭 던진다.

"어느 선방이든지 참선공부는 즐겁고 재미있는 그런 상황이 아닙니다. 부처님의 법을 깨달아 보겠다고 스스로 발심한 사람들이 모인 곳이 선방이고 스스로 인내하면서 극기하면서 서로를 북돋아주면서 공부하는 곳이 선방입니다. 참선공부는 최단의 극기와 자제, 인내를 전제로 하지 않으면 할 수 없는 것이기에 어디든지 공부하는 것이 쉽지는 않습니다. 특히 참선공부는 재미있는 것이 아니고 진척이 눈으로 보이는 것도 아니기에 '본래 면목을 찾겠다'는 굳건한 원력이 있어야만 가능한 공부입니다. 저는 자발적으로 강하게 공부할 것을 주문할 뿐입니다."

경허 스님, 만공 스님을 배출한 수덕사는 한국 선종의 일번지이며 내려오는 가풍은 공부인들에겐 날선 지침이 된다. 선농일치라는 외형적인 가풍이 있으며, 내형적인 가풍은 안이

비설신의眼耳鼻舌身意를 다 막고서 공부하라는 것이다.

"안이비설신의가 바깥경계를 향해서 춤추지 않고 날뛰지 않도록 하고서 공부하는 것입니다. 이목구비耳目口鼻를 막지 않고서는 공부할 수가 없어요. 좋다 나쁘다는 것도, 시시비비도 다 놓아버리고, 부처다 조사다는 그런 생각마저도 다 놓아버리고 오로지 자신을 찾는데 전념하는 것이 가풍입니다."

오롯이 마음공부하는 데만 전념하라는 것이다. 일체유심조一切唯心造를 들먹이지 않더라도 정치, 경제, 사회, 문화 등 이 모든 것이 마음으로 만든 것이고 마음으로 하는 것이다. 마음으로 움직이는 것이고 마음으로 느끼는 것이기에 어떠한 상황에서도 마음은 변하지 않기에 마음공부가 으뜸공부인 것이다.

은사이신 원담 스님은 "해제했다고 해서 방심하지 말라. 해제란 생사결단을 해야만 해제이다. 해제날인 오늘이 다시 시작하는 날이라 생각하고 발심을 해서 새로운 결제를 단단히 해야 한다."고 상좌들에게 일렀다. 설정 스님 또한 그러한 가르침을 받았기에 365일이 안거요, 날마다 결제날인 것이다.

원담 스님은 이미 원적에 들었지만, 스승의 가르침은 꺼지지 않는 등불이 되어 제자의 앞길을 환히 비추어 주고 있다. 아버지의 손을 잡고 수덕사에 왔을 때 다 헤진 누비옷을 입고 인삼밭을 손수 가꾸던 원담 스님과 마주했다. 거친 노동으로 퉁퉁 부어올라 두꺼비 같은 손으로 머리를 쓰다듬으며 "너란 놈이 누구냐? 그것이 세상에서 제일인 거라."하시며 큰 주먹을 내밀던 선객의 오롯한 그 모습을 간직하고 있다.

공부가 항상 여일하고 순일하였는지, 힘들 때가 있었다면 어떻게 극복하셨는지 궁금했다.

"참선공부는 막히는 데서 시작하는 것입니다. 인생이란 해답이 나오지 않는 것이고, 깨친 사람 외에는 모두 다 막혀있어요. 막혀있는 데서 출발하는 것이고 막히지 않았다면 출발할 수 없습니다. 은산철벽과 같이 출구가 없는 당처에서 출발하는 것이 참선입니다. 공부를 해나가면서 잘 될 때도 있고 나태해질 때도 있지만, 공부는 원래 막힌 데서 시작하는 것입니다. 그런 때는 조사스님들의 행의처를 생각해 보고, 세상이 얼마나 무상한가를 생각해 보기도 합니다. 참선하는 것이 말을 타고 달리듯 계속 달려가는 그런 상태가 아니기에 때로는 슬럼프에 빠질 때도 있고, 육체적인 리듬이 좋을 때도 있고 나쁠 때도 있지요. 중요한 것은 부단하게 가는 것입니다. 단절하지 않고 물이 흘러가듯 쉬지 않고 부단히 노력해야 하는 것이 참선입니다. 선공부는 한 고비 넘기고 나면 이것만큼 맛있는 공부가 없으며, 한 번 맛을 본 사람은 퇴진하지 않습니다. 선은 함이 없는 공부이며 선을 하는 사람은 둔鈍 공부를 해야 합니다. 미련한 사람이 하는 공부인 것이지 계산 빠르고 그런 사람은 선공부를 할 수 없어요. 참선공부가 힘들고 어려운 것 같지만 한 고비 넘기고 나면 '사람들이 참 어리석은 짓을 하고 있구나. 이 일을 제쳐놓고 왜 다른 일을 할까' 그런 생각을 하게 됩니다."

수덕사의 무상無相 가풍은 유명하다. 무상의 가르침은 경허와 만공 스님을 거쳐 원담 스님에게 전해졌다. 무상의 가풍엔 여러 가지가 있겠지만, 수덕사엔 수행의 꽃이라 할 수 있는 사리를 모시는 부도가 없다. 만공 스님은 "사리를 취하는 놈은 마구니"라고 했을 정도로 상에 집착하는 것을 싫어했다. 원담 스님의 사리 또한 수습하지 않았다. 이에 대해 설정 스님은 "상에 집착하지 않는다는 단순하고 간단한 가풍이지만, 상을 깰 때 바로 깨달음과 지혜의 문이 열리게 된다."고 했다. 선가에서 스스로가 '깨달았다'고 하면 마구니로 몰아가는 그 연유를 이제는 알 것 같다.

"깨달음이란 말로 표현할 수 없는 것입니다. 심성이란 상이 없는 것이기에 깨달았다느니 깨닫지 못했다느니 하는 말로 되는 것이 아닙니다. 깨달은 사람이 있다면 스스로가 드러내지 않아도 그 사람의 심성과 품성은 자연스럽게 사람들에게 영향을 끼치게 됩니다."

수행은 안으로 깊어지면 그뿐 모양새에 있지 않음을 깨우쳐준다. 향기를 감출 수 없듯이 깨달음의 맑은 기운 또한 감출 수가 없는 것이다.

선(禪)이 중생들이 당면한 문제들을 생의 문제들을 해결해 줄 수 있는지 의구심이 든다고 했더니 한마디로 단단하게 "의심하지 말라."고 일렀다.

"불교에서 '성불하자'는 것은 자기 본성을 회복하자는 것입니다. 불교인만이 가는 길이 아니라 모두가 가야 할 길입니다. 부처님께서 모든 중생들에게 무한한 행복을 누릴 수 있도록 가르쳐주신 것이 불교입니다. 부처님이 가르쳐 준대로 공부한다면 세상은 살만한 곳이고 아름답고 감사하고 행복한 곳으로 보일 것입니다. 부처님 법을 잘 알기만 해도 세상이 다르게 보이지요. 불교는 특정한 사람에게가 아니라 만중생에게 만생물에게 해탈의 길을 열어주고 있습니다. 종교의 이름으로 불교의 이름으로 말하는 것이 아니라, 모든 중생이 고통의 길에서 벗어나 해탈하여 행복해야 하고 자유스러워야 한다고 생각하는데 이것을 해결해 줄 수 있는 것이 바로 선입니다. 믿고 안 믿고는 중생의 근기이지만 믿기만 하면 고통에서 헤어날 수 있는 것이 선입니다."

눈이 일체 모든 것을 볼 수 있다 하여도 눈 자체는 보지 못하는 것과 같이, 자신의 외부세계는 환하게 보고 많은 것을 알고 있으면서도 자신의 내면세계는 잘 모르는 우(愚)를 범하고 있는 것이 중생들이다. 누구나 지니고 있는 그 마음을 들여다보는 것이 선이며, 선을 통해 자기 본성을 회복하여 주인공으로 살라는 것이다.

설정 스님이 생각하시는 '깨달음 혹은 견성'이란 어떤 것인지 궁금했다.

"분별심이 없는 것, 양변에 떨어지지 않는 것이 견성입니다. 청정한 불성은 둘이 아니고 하나인데 중생들은 분별심으로 가득 차 있습니다. 높다 낮다, 좋다 나쁘다, 귀하다 천하다, 나와 너, 이렇게 갈라지고부터 모든 것이 복잡해지고 증오심과 진에심瞋恚心이 생기는 것이지요. 이런 분별심과 진에심이 생기는 데서 윤회에 떨어지는 것입니다. 변견邊見에 떨어지지 않는 것이 생사의 윤회를 끊는 것임을 알아야 합니다. 견성은 이분법적 사고에서 벗어나는 것입니다. 견성이란 새로운 발견이 아니라 이미 있는 것을 발견하는 것입니다. 없는 보배창고를 만드는 것이 아니라 존재하고 있는 것을 찾는 것이며 확인하는 것입니다. 변견이 떨어지고 난 다음엔 무엇을 해도 다 괜찮아요."

'변견이 다 떨어지고 난 다음엔 무엇을 해도 괜찮다'는 말씀을 어떻게 이해해야 할까? 나의 이런 마음을 알아채신 깃일까? 스님은 금강경 '정신희유분' 중 한 구절을 독송했다.

"부처님은 당신의 설법을 뗏목에 비유하셨어요. 부처님은 '너희들에게 말하고 있는 것은 열반으로 가기 위한 뗏목과 같은 것이다. 건너갔으면 뗏목에 집착하지 말고 그것을 버려야 한다.'고 말합니다. 이것은 불교를 초월한 이야기이고, 불교를 위대한 종교로 돋보이게 하는 구절이기도 합니다. 이 언어 하나에 세계를 다 수용할 수 있는 모든 장치가 다 들어있어요. 진리마저 버려야 해탈할 수 있어요. 나도 공하고 법도 공한 아공我空 법공法空 그 자리가 해탈의 경지요 원융무애한 자리입니다. '진리'라는 것은 원융해서 두 모습이 아닌데, 중생이 분별하여 나누고 있습니다."

 법마저 버려야 하거늘 하물며 법 아닌 것조차 버리지 못함이 바로 중생심이요, 치심癡心이다. 원담 스님은 어느 법문에서 "집에 돌아가서 누가 불교를 묻거들랑, 어느 절에 가라고 일러주지도 말고, 무슨 부처님을 믿으라고 일러주지도 말고, 무슨 경전을 보라고 일러주지도 말고, '바로 네가 너를 찾는 법이 불교라고 하더라'는 말만 전해 주십시오. 이것이 바로 수덕사 와서 받아가는 선물입니다."라고 했다. 나를 알아가는 것, 종내는 '내가 누구인지를 아는 것'이 불교다.

 설정 스님에게는 기이한 일이 두 가지 있다. 한 가지는 동진출가하여 학교를 다녀본 적이 없는 설정스님이 서울대 원예학과를 졸업한 것이다. 글을 멀리하는 수덕사 전통과 달리 30대 나이에 검정고시를 거쳐 서울대에 입학한 것이 속俗의 눈에는 대단하게 보인다. 스님의 "부끄럽습니다."라는 한마디에 당황스러웠다.

"그 시간에 선을 공부했더라면 얼마나 좋았을까 그런 생각이 듭니다. 간판을 위한 공부가 아니라 학문의 폭을 넓히면 나에게도 몸을 담고 있는 사찰에도 유용할 것 같아 선택한 일입니다."

또 한 가지 기이한 일은 회복하기 어렵다는 췌장암을 극복했다는 것이다. 스님은 병고病苦의 원인을 과거 업보로 여겨 참회와 정진 속에서 보냈다. 죽더라도 선방의 좌복 위에서 죽겠다는 일념으로 봉암사에서 가멸차게 정진에 정진을 더했다. 그렇게 3년이 흘렀다. 몸도 많이 좋아졌다. 수행에 더욱 박차를 가해 부처님의 진신사리가 모셔진 상원사 청량선원에서도 수행했다. 암이란 놈은 올 때도 말없이 들어오더니 갈 때도 말없이 나가버리더란다. 선은 몸과 마음을 치유하는 우주의 에너지를 가진 그 무엇임을 알 수 있다.

어느 때보다도 관심이 집중되고 있는 간화선이 세계적인 선수행으로 각광받을 수 있을지를 여쭈었다.

"각광받을 수 있을지 그 가능성 여부를 타진하기 전에 만 중생이 선禪 속에서 살 수 있도록 만들어야 합니다. 선은 모든 중생이 가야 할 길이지 불교의 길만이 아닙니다. 간화선을 세계화시키는 것은 불자들의 할 일입니다. 현대사회는 지식과 정보가 넘치고 정신을 차릴 수 없을 정도로 빠르게 변화해가고 있습니다. 현대인들의 가치관은 혼란을 겪고 있으며 온통

스트레스에 시달리고 있어요. 대부분의 학자들이 진단하기를 현대인의 60% 이상이 정신질환에 시달리고 있다고 해요. 이 정신질환을 바르게 고칠 수 있는 것이 선이라고 생각합니다. 선은 모든 사람들이 가야하고 실천해야 하는 것이니, 불자들은 사명감을 가지고 널리 알려야 합니다. 지혜의 눈이 떠지게 되면 굳이 이것을 누구에게 가르치려고 하지 않아도 저절로 가르치게 됩니다."

재가불자들이 좀 더 쉽게 선수행에 접근할 수 있는 방법 내지는 비법이 있지 않을까 싶어 여쭈었다.

"간화선에는 왕도가 없어요. 앞에서도 말했지만, 간화선은 재미가 없는 공부인데 한 고비만 넘기면 재미가 있어요. 선을 하겠다는 생각만 있으면 언제 어디서든 할 수 있으며, 일상생활 속에 선이 다 있습니다. 꼭 앉아야 선이 되는 것이 아니기에 어느 순간에도 다할 수 있어요. 앉아서도 서서도 밥 먹을 때도 걸을 때도 생활 속에서 선을 하는 습관을 그렇게 들이면 쓸데없는데 자기 에너지를 쏟지 않을 것입니다. 자기 에너지를 쓸데없는데 소모하지 않는다면 그것은 열정을 갖고 살 수 있는 힘을 길러주는 원동력이 됩니다. 선은 어렵고 복잡한 것이 아니라 자기 마음을 잡아가는 것입니다. '철학은 하루를 경영하고, 사상은 내일을 경영하고, 종교는 영원을 경영하는 것'이라 할 수 있어요. 특히 선은 일시적인 것이 아니라 영원한 자기 생명을 경영해서 행복하고 자유스럽게 만드는 것입니다. 영원의 농사를 짓는데 단시일에 효과를 보려고 해서 되겠어요? 차분히 한 순간 한 순간 하다보면 그것이 쌓여서 자리가 잡히고 선의 참맛을 알아가게 됩니다."

하루가 모아져 달을 채우고, 채워진 달은 해를 이어가고 있으니 그렇게 시간을 세지 않고 공부를 하다보면 선에 재미가 붙고 어느덧 공부가 쌓이고 깊어지나 보다. 스님은 고령화 시대의 대안으로도 선수행을 꼽았다. 연세 많은 사람들이 무기력하고 무능한 삶으로 전락하지 않고 끝끝내 자기를 지키면서 살 수 있는 길이 '참선'이란다.

불자들에게 꼭 전하고 싶은 가르침을 요청하였다.

"운문 선사가 일일시호일日日是好日이라는 공안을 남겼는데, 날마다 날마다 좋은 날이 되기 위한 삶이 있습니다. 우리 몸은 지수화풍地水火風 사대와 허공이라는 공空으로 되어있습니다. 지地는 인간의 오만, 수水는 분노, 화火는 탐욕, 풍風은 시기질투, 공空은 무지입니다 중생의 삶은 이 다섯 가지를 진짜로 알고 신나게 살고 있어요. 오만을 가져본들, 분노를 일으켜 본들 탐욕을 부려본들, 그것이 무엇에 쓰일 것인가를 알지 못해서 중생이 어리석게 살고 있습니다. 이러한 것을 좀 내려놓고 살면 행복한데 이러한 것을 끌어안고 살기에 불행해집니다. 일일시호일이 되도록 살아야지, 일일시악일이 되도록 살아서는 안됩니다. 부처님 법은 모든 것이 나에게 달려있어요. 중생 노릇하면서 복을 오라고 하니까 복이 오지 않는 것이지, 부처 노릇하면 복이 절로 옵니다."

　선의 종장이신 설정 스님이 전하는 '행복한 삶을 위한 가르침'을 오롯이 가슴에 새길 일이다. 딱따구리의 울음소리를 뒤로 하고서 천팔십 개의 계단을 되짚어 산을 내려왔다.

 # 성웅 스님

1970년 해인사에서 고암 스님을 은사로 일타 스님을 계사로 사미계, 1971년 해인사에서 고암 스님을 계사로 비구계 수지. 1973년 해인사 강원 졸업한 뒤, 해인사 선원을 비롯한 전국 선원을 돌면서 수선 안거했다. 1993년 동국대 불교대학원 선학과, 2004년 경북대 경영대학원 최고위과정을 수료했다. 조계종 초심 호계위원, 상주 남장사, 김천 직지사 주지를 역임했으며, 2000년 교정대상 본상 자비상을 수상했다.

천배로 하루를 시작하는
이 시대의 비구승

콸콸콸… 힘차게 흘러내리는 계곡 물소리가 하도 듣기 좋아 땀도 식힐 겸해서 잠시 발걸음을 멈추었다. 계곡 물소리에 발을 담그고 초록빛으로 눈을 단장하고 나무 그늘에 몸을 맡기고 있으니 세상에 부러울 것이 없다. 마음은 계곡물을 따라 떠돌다가 허둥지둥 돌아오기를 반복하고 있지만, 직지사直指寺에 들어와 있으니 무슨 걱정 있으랴 싶었다.

직지라는 사명寺名이 선종의 가르침인 직지인심直指人心 견성성불見性成佛에서 비롯되었다고 하니, 이곳에 들어오는 이는 누구나 본마음을 볼 것 같다. 탐진치 삼독을 내려놓는다면 말이다.

성웅 스님은 수십 년 동안 날마다 일천배를 하는 것으로 수행을 삼고 있다. 어떤 이는 성웅 스님을 가리켜 '지계제일'이라 칭하기도 한다.

성웅 스님은 출가하기 전까지 희방사에서 2년 정도 고시공부를 하였고, 청량사와 강천사에서도 몇 달 동안 머물렀다.

"속가에서도 결코 절도節度 없는 생활을 한 것이 아닙니다. 인생에는 고苦가 많고 장애가 많다는 것을 느꼈으며, 사회에서의 성공이 그 고통을 해결해 줄 수 없음을 깨달았지요. 그때 절에 머물면서 새벽 도량석 소리에 크게 발심했습니다."

발심한 그 마음을 살려 동양방송에 '나는 출가를 하고 싶다. 훌륭한 스님 밑에서 공부할 수 있도록 도움을 달라.'는 글을 띄웠다. 그 방송을 듣고 의룡義龍 스님이 연락을 해 왔다. 의룡 스님(직지사에서 7년 동안 강주로 지냈다)을 따라 출가를 하였지만, 의룡 스님과의 인연은 그리 길지 않았다. 해인사에서 4~6대 종정을 지낸 고암 스님을 은사로 하여 출가하였다.

성웅 스님은 군 제대 후 출가를 하였으니 늦깎이 출가인 셈이다. 늦은 만큼 더 발심해야 하고 분심을 일으켜 수행해야 한다고 생각하였다. 해인사에서 3년 동안 행자생활을 하였는데, 울력을 할 때면 남들보다 먼저 나가서 일하고 울력이 끝나도 늦게까지 남아서 일을 하였다. 또 행자시절 자진하여 병든 스님의 대소변을 받아내기도 했다.

"퇴행성 뇌질환에 걸린 스님을 시봉했는데, 한약을 달여 올리는 일까지 제 역할이었어요. 그런데 제가 어찌 깜박하다 두어 번 약을 태웠어요. 그럴 때마다 '이놈아! 네가 먹을 약을 훔쳐 먹었지?' 하고는 심하게 역정을 내셨어요. 환자라고 이해는 하면서도 견디기가 무척 힘들었습니다. 그래서 해인사 큰 법당인 대적광전에 들어가서 절을 했어요. 날마다, 오백배도 좋고 천배도 좋고 마음에 걸림이 없을 때까지 절을 했습니다."

이렇게 해서 성웅 스님의 일천배 수행은 해인사 행자시절부터 시작되었다. 잠자는 시간을 아껴가며 새벽 도량석이 울릴 때까지 천일동안 기도를 하였다.

지금도 도량석 하고, 종성 하고 대종 치고 나서도 공양시간 직전까지 법당에 머물면서 절 수행을 한다. 그리고 저녁예불 시간에도 어김없이 법당에 들어가신다. 백중기도나 특별기도가 있을 때면 대중들과 같이 사시예불과 더불어 정진을 하는 것이다. 올해로 세수 칠십인 노스님으로서는 무리한 수행이 아닌가 싶어 걱정을 하였더니 "내가 절 수행을 그만두는 날이 바로 내가 몸 바꾸는 날이지요."라고 답하신다. 열반에 들 때까지 정진하겠다는 굳은 신념을 읽을 수 있었다.

"화엄경 약찬게를 보면 108번째 '초발심시변정각' 初發心時便正覺 이라는 구절이 있어요. 저는 이 구절을 '머지않아 우리도 부처님과 같이 깨달음을 성취할 것입니다.'라는 뜻으로 읽습니다."

성웅 스님은 우리의 본성인 불성을 의심해 본 일이 없기에 수행에 수행을 거듭하다 보면 가까운 시일에 부처님과 같이 깨달음을 얻는다는 것을 굳게 믿고 있음에 틀림없다.

부처님은 전생에 보살행을 닦으실 때부터 "나는 길에서 중생을 가르치고 건지기 위해 생활할 것이요, 좋은 환경에 안주하며 들어앉아 안일을 택하지 않겠다."고 서원하시고 탄생하셨다. 그렇기 때문에 나실 적에 룸비니동산의 길에서 나시고, 설산에서 6년 수도하셨으며, 성도하실 적에도 보리수 아래서 깨달으셨으며, 돌아가실 때에도 길가 나무 밑에서 열반하셨다. 성웅 스님은 "부처님께서는 평생을 이타와 청정과 고행과 검소를 모범으로 실천하시었음을 볼 수 있다."면서 정말 부처님을 닮고 싶다고 하였다.

동안거, 하안거 때는 백일 동안 산문 밖을 나가지 않는다. 주지소임을 맡고 있으면 바깥출입할 일이 없지는 않을 터인데도, 미리 방을 놓아서 오롯이 수행에만 맘을 쏟는 것이다. 산철에도 바깥출입을 할 때면 꼭 어른스님께 허락받고 종무소에 보고를 하고 간단다. 출가하신 지가 몇 십 년이나 되는데 좀 느슨하게 지내도 되지 않느냐고 말을 거들었다.

"저는 그렇게 생각하지 않아요. 내가 사미계, 비구계 받을 때 계율을 지키겠다고 부처님 앞에 굳게 약속했으니 지켜야 하는 것이 당연하지요. 날마다 일천배를 올리는 것도 나 스스로가 수행자로서 지켜야 할 일이라고 원칙을 정했기에 지켜야 하는 것입니다."

스님은 율장을 공부한 율사도 아닌 사람에게 '율사'라 호

칭하는 것은 맞지 않다면서 겸손해 하신다. 하지만 계율을 중시하고 철저히 지키는 성웅 스님을 가리켜 사람들은 '지계제일'이라 칭하고 '이 시대의 비구승'이라 말하는 것을 아끼지 않는다.

문득 청허淸虛선사의 게송이 떠올랐다.

> 지난해 처음으로 뜰 앞에 국화 심고
> 금년엔 울 밖에 솔을 또 심었다.
> 산승이 애착 있어 화초 가꾸는 것 아닐세
> 사람에게 공한 이치 알리고자 함일세.

성웅스님께서 하루에 천배 수행을 하시고 계를 철저히 지키는 것은 수행자로서의 도리이자 자신을 위한 정진이다. 말보다는 실천을 앞세워 무릎 닳도록 정진하는 것은 중생들을 향한 경책이 아닐까 싶다.

죽고사는 것은 숨 쉬는 데 있으니 아침에는 살아 있지만 저녁까지 살아 있을지 누구도 장담한 수 없다. 그러니 사람 몸 받았을 때 헛되이 시간 보내지 말고 수행하여 우리도 부처님을 닮아가라는 의미로 이해했다.

요즈음 같이 더운 날에는 기도를 하다보면 하루에 두 번씩 옷을 갈아입어야 하는데, 세탁을 함에 있어 남의 손을 빌리지 않고 스스로 해결한다. 석가모니 부처님께서도 노구의 몸을 이끌고 대중들과 함께 탁발 나가신 것을 생각하면 대단한 일도 아니란다.

성웅 스님은 지장보살의 원력을 좋아해서 주로 지장기도를 하는데, 기도 때마다 '지장보살 예찬문'을 독송한다.

'모든 중생을 다 제도한 뒤라야 보리를 증득할 것이며, 지옥을 다 없애기 전에는 맹세코 성불하지 않겠습니다.' 衆生渡盡 方證菩提 地獄未除 誓不成佛라는 지장보살의 원력이 바로 대승불교의 목적이며, 대표적인 보살행의 이상이라고 하였다. 스님은 지장보살 예찬문을 '대승보살 실천 열 가지 청규'라고 이름 붙여 초하루 법회 때 대중과 함께 독송한다. 청규 몇 가지를 소개하면 다음과 같다.

첫 번째, 나는 살생하지 않는 수행을 통해서 그 공덕으로 사람들이 건강하게 오래 살기를 발원합니다.

네 번째, 나는 속이지 않는 수행을 통해서 그 공덕으로 사람들이 진실을 말하고 마음의 평정을 얻기를 발원합니다.

여섯 번째, 나는 나쁜 말을 하지 않는 수행을 통해서 그 공덕으로 사람들의 마음이 평안하여 산란해지지 않기를 발원합니다.

이와 같이 대승보살의 열 가지 청규가 자신의 수행으로 인해 다른 사람들이 행복해지기를 발원하고 있듯이, 성웅 스님 또한 자신의 수행이 대중과 사회로 회향되기를 기도하는 것이다.

불교는 타력해탈他力解脫이 아니고 자력해탈이라는 것이 성웅 스님의 철저한 믿음이다. 다른 종교는 대개 타력에 의지하여 구제와 구원을 빌고 환희와 행복을 구하지마는 불교는 수행과 실천을 통하여 최상의 깨달음을 증득해서 참다운 생명의 실상을 보는 것이라고 한다.

"절대자인 신神이 인간의 화복을 좌우하기 때문에 신을 멀리하면 화를 주고 신을 가까이하면 복을 준다는 논리는 타력에 의존하는 것이지만, 불교는 모든 원인이 자신에 있으므로 자기 자신의 인과율因果律에 의하여 화禍도 면하고 복도 받고 하는 것입니다. '현재의 과果는 과거의 인因이며 현재의 인因은 곧 미래의 과果이다.' 라고 하셨으니 악인惡因을 지었으면 내세의 고통을 면할 수가 없는 것이지요. 중생계는 서로 훈습하여 쌓이고 뭉쳐서 기세간器世間, 宇宙이 되는 것이요, 그 특별에 속하는 선업과 악업이 무시이래無始以來로부터 현생現生의 나인 것입니다. 인과상응因果相應의 이치는 부처님의 가르침에서 가장 중요한 것입니다."

그래서 성웅 스님은 불교의 신앙은 미신迷信이 아니고 정신

正信임을 강조한다. 과거의 선업과 악업이 뭉쳐진 것이 지금 현재의 '나'라는 말씀은 우리 모두가 새겨듣고 기억해야 할 것 같다. 어떤 어려운 일을 맡게 되면 이것도 인연이라 생각하고 열심히 하는 것으로 인과법을 풀어나간다는 스님의 말씀을 들으면서, 얽히고설킨 복잡한 사회에서도 스님처럼 생각하고 부처님 가르침에서 그 해법을 찾는다면 쉬이 해결될 것 같았다.

"불교 신앙은 미신이 아닌 정신正信이요, 또 불교 신앙은 독선이 아니고 겸손입니다. 우리 불교는 유한의 종교가 아닌 무한의 종교이며, 차별이 아닌 평등입니다. 불교가 추구하는 건 자력에 의한 해탈이지 타력에 의한 해탈이 아님을 알아야 합니다."

스님의 목소리에는 수행을 통한 깨달음이 오롯이 담겨있고 진정성이 느껴졌다. 스님에게 직지사에서 이룬 불사 이야기 좀 해달라고 하였더니 '어른스님께서 오랜 세월동안 큰 원력을 세워 해 오신 일이고 저는 그저 옆에서 보조 역할을 했을 뿐'이라며 손을 내젓는다.

성웅 스님의 사찰 운영방식은 지극히 민주적인 방식을 채택하고 있다. 사찰의 살림을 모두 공개하고 사찰에서 개최하는 모든 행사와 활동은 논의를 통해 진행시키는 방식이다. 그리고 투명한 재정운영을 원칙으로 하기에 사찰의 재무 상태에 대해 철저하다. 성웅 스님은 "수입에는 미수가 없고, 지출에는 초과가 없다."는 말을 자주 한다.

20년 넘게 상주 남장사에 머물렀던 성웅 스님은 그곳에서 많은 불사를 이루어 놓았다. 작은 암자에 불과했던 남장사를 재정적으로나 신도 숫자로 보나 큰 사찰로 일구어냈다. 신도 숫자에 연연해 할 스님도 아니지만, 그래도 상주의 불자 수를 크게 늘여놓은 것이 여간 기쁘지 않다. 남장사의 불사는 스님이 오시면서 시작되었지만, 그 흔한 화주책 한 번 돌린 적이 없다. 그저 신도들 스스로가 해야 할 일이라 생각하고 시주를 하고 힘을 보탠 것이라 한다.

스님이 대중들에게 강조하는 것도 하심이지만, 스스로도 아상이 없기를 하심하기를 단속한다. 결제 때는 스님과 일반 대중을 포함해 백 명 가까이 살게 된다. 그런데 경내에서 이들과 마주치면 "당신들이 계시기 때문에 이 절이 이렇게 발전합니다. 감사합니다."라는 인사말을 건네면서 합장하는 것으로 이미 정평이 나 있다. 사람들이 삼배로 인사를 할라치면 "삼배는 당치 않으니 일배로 끝냅시다."라며 꿇어앉아서 절을 받는다. 그저 절 올린 사람이 무안할 뿐이다.

스님은 주변 사람들에게 "나의 허물을 지적해 주시오."라고 요청한다. 보통의 사람들은 행여 남이 나의 허물을 들추어내거나 그럴라치면 화를 내거나 언짢아하는 것이 보통이다.

그런데 스님은 어찌하여 자진하여 허물을 말해달라고 요청하는 것일까?

"자신도 모르게 관계 속에서 살아가는 가까운 친지, 동료 등 많은 사람에게 상처를 안겨주는 허물을 짓기도 하잖아요. 우리 모두 일상의 삶 속에서 삼업이 청정치 못해 나 자신의 눈 속에 있는 대들보는 못 보고 남의 눈 속에 있는 티만 빼어내려고 하는 것이 중생들의 습성입니다. 다른 사람이 지적하기 전에 그 잘못을 스스로 알아차려 참회하고 고쳐 잡는 결단과 지혜를 열어가야 할 것이며, 사소한 작은 허물일지라도 바로잡지 아니하면 여러 사람이 상처를 입게 되고 불편해 질 것입니다."

어느 때 부처님께서도 제자들에게 "비구들이여, 여래의 몸과 말에서 비난받을 만한 행위를 보거나 들은 적이 있는가? 있다면 말하라."라고 말씀하신 것이 잡아함경에 나온다. 성웅 스님은 부처님께서도 자신이 잘못을 저지른 것이 있는지 알려달라고 하신 적이 있는데, 하물며 우리 같은 범부중생이야 당연히 그렇게 해야 되지 않겠느냐고 반문하신다. "자신의 허물을 자신이 보기 힘들므로 다른 사람이 지적해주는 입장이라면 참으로 고맙고 커다란 은혜로움이 아닐 수 없다."는 스님의 말씀에 숨이 턱 멈출 것 같다.

성웅 스님은 하루를 마감하기 전에 꼭 일기를 쓰신다. 하루 동안 있었던 일을 기록하기도 하지만, 자신의 마음의 일기를 쓰신다고 한다. 그렇게 날마다 순간순간 자신의 마음을 들여다보고 자신의 행동을 반성한다는 말씀을 들으면서 "스님께서 반성하실 것이 뭐 있겠습니까?" 했더니 그저 웃기만 하신다. '이 시대의 비구승'이라 일컬어지는 스님이 쓰신 일기장은 부처의 일기장이 아닌가 싶다. 그 부처의 일기장을 한번 보고 싶다. 잘 이은 지붕에 빗물이 새지 않듯이, 반야지혜로 가득한 사람에게는 어떠한 유혹과 물듦이 없다고 하였다.

 '천불의 미소'라는 현판이 붙은 다실을 나서니 오후의 햇볕은 더욱 뜨거웠고 매미소리는 요란스러웠다. 허공을 가득 채울 듯이 요란한 매미소리는 차라리 또 다른 정적靜寂을 만들어내고 있다.

내 가족을 부처님으로 생각하고 내 가족의 일을 부처님 일로 생각하라

우룡 스님

1932년 일본에서 출생. 47년 해인사에서 고봉 스님을 은사로 출가, 55년 동산 스님을 계사로 구족계를 수지했다. 63년 김천 청암사 불교연구원 전강을 시작으로 화엄사, 법주사, 범어사 강원에서 강사를 지냈으며 수덕사 능인선원, 직지사 천불선원, 쌍계사, 통도사 극락선원 등 제방선원에서 수행 정진했다. 현재는 경주 함월사에 주석하고 있다. 저서로 〈불교신행의 주춧돌〉〈영가천도〉 등이 있다.

집에 있는 부처님을
먼저 모셔라

　경주 함월사에 주석하고 있는 우룡 스님을 뵈러 가는 그 길은 수많은 석불들의 주처인 남산으로 가는 길이기도 해서 가슴 설레었다. 겨울은 저만치 간 듯한데 볼에 와 닿는 바람은 차가웠다. 그래도 밭두렁에는 꽃다지와 냉이가 추운 겨울을 이기고 벌써 고개를 내밀고 있다. 남산의 한 줄기인 금오산에 자리 잡은 함월사. 지붕에 내려앉은 햇살마저 푸른 기운으로 빛났다.

　부산에서 온 신도들과 다담을 즐기고 있는 스님께 삼배를 올렸다. 스님은 손을 내저으면서 "이 자리에서 삼배를 하면 나와의 만남은 끝난 것입니다." 하신다.

　법문을 청하는 나에게 스님은 "석가모니 부처님이 한평생 하신 말씀을 한마디로 말할 수 있겠느냐."고 물으셨다. 나는 잠시 생각하다가 "분별하지 말라"고 답했다. 스님께서는 "저기 앉아 보거라."는 한마디를 툭 던졌다.

흔히들 팔만사천경을 한마디로 줄이면 마음이라고 한다. 그러니 이리지리 히둥거리지 말고 가만히 앉아서 자기의 마음을 관조해보라는 말씀을 하였다.

화엄사, 법주사, 범어사 강원의 강사를 지냈고 직지사, 수덕사, 통도사를 비롯한 여러 선원에서 선공부를 하신 우룡 스님을 일컬어 선교일여禪敎一如를 보여 준 분이라고 한다. 교敎는 선禪을 비추는 거울이요, 교 또한 선을 비추는 거울임을 수행을 통해서 드러내는가 하면, 스님은 사람을 가리지 않고 이해하기 쉬우면서도 실천하기 쉬운, 누구나 다 듣고 싶어 하는 법문을 해 주신다.

"착각이 우상입니다."

우룡 스님이 생각하는 착각은 우상을 우상인 줄 모르고 섬기는 것이다.

"지금 한국 불교는 착각 속에서 허덕이고 있습니다. 한국 불교인들은 멀리만 쳐다보고 가까운 곳은 보지 못합니다. 조고각하照顧脚下라, 내 발밑을 쳐다보아야 합니다. 왜 부처와 내가 하나가 되지 못하고 조각이 나는지 압니까? 내 가족을 부처님으로 생각하지 못하고, 내 남편의 일, 아내의 일을 부처님의 일로 생각하지 않기 때문입니다. 내 가족이 부처님이 되고 내 가족이 하는 일들을 부처님이 하는 일이라 생각하면 나와 부처는 하나가 됩니다."

법연 선사의 일화 한 대목이 생각난다.

법연 선사가 제자 혜근, 청원, 원오 세 사람을 데리고 밤길을 걸어가고 있었다. 등불을 밝히고 걸어가고 있는데, 얼마쯤 가다가 법연 선사가 갑자기 등불을 꺼버렸다.
"불이 꺼져 암흑천지다. 이럴 때는 어떻게 하면 좋겠느냐?"
스승의 질문 앞에 제자들은 각기 다른 대답을 했다.
혜근은 "몽둥이가 붉은 싸락눈이 되어 춤춘다."라고 했고, 청원은 "쇠뱀이 늙은 도로에 누웠다."라고 답했다. 하지만 법연 선사는 이들의 대답이 마음에 들지 않았다.
이어 원오가 "나의 발밑을 보겠습니다."라고 대답했다.
스승은 원오의 대답에 빙그레 웃었다.

원오는 자다가 봉창 두드리는 그런 소리를 해야만 선인 줄 알고 있는 사람들의 고정관념을 와장창 깨버렸다.
우룡 스님께서 "부처님을 어떻게 모십니까?" 하고 물으신다. 이 물음을 던지면 대개의 사람들은 주로 법당이야기만 하는데, 이것은 크게 잘못되었다고 한다.
"나는 천수경을 외워라, 백팔대참회나 금강경을 읽으라는 그런 어려운 예불문은 권하지 않아요. 내가 가장 권하고 싶은 예불문은 아침저녁으로 부모와 가족들에게 삼배를 올리는 것입니다. 집에 있는 내 가족이 부처님인데, 집에 있는 부처에게는 함부로 대하면서 법당의 부처에게 무릎이 닳도록 절한다는 것은 모순이지요."

허상에 불과한 불상 앞에서는 천배, 삼천배도 하면서 왜 내 가족에게는 무릎을 꿇지 못하느냐고 다그쳐 물으신다. 우리는 흔히 절을 함으로써 아상을 없애는 것으로 알고 있다. 하지만 우룡 스님은 내 가족에게 먼저 삼배를 함으로써 아상을 지워 나갈 것을 당부한다.

이 대우주에는 '내 것'이라는 것은 아무것도 없는데, '나'라는 단어 하나 붙들고 우리는 평생 아귀다툼을 하고 있다. 가슴에 '나'가 이렇게 자리 잡고 있으니 가족을 부처님으로 모시지 못하고, 그러니 언제나 충돌이 오는 것이다. 부부지간에 자식과 부모 간에 서로 "고맙습니다. 감사합니다. 수고했습니다."라는 말을 쓰다보면 다툼이 없어지게 된단다.

그러고 보면 우리는 가족이라는 이름으로 부모라는 이름으로 서로를 구속하고 때로는 마음 아프게 하고 또 때로는 원망을 하면서 살고 있지 않는가? 스님은 부처님 앞에서는 절을 하지 않아도 되니까 자신의 가족 앞에서는 진심으로 삼배를 올리라고 한다. 그 이유는 가족이라고 해서 다 좋은 인연으로 만나는 것이 아니라, 전생의 집착과 원망심으로 만날 수도 있기 때문에 그런 응어리들을 다 풀어내야 한단다. 또 현생에서 가장 가깝게 만나고 부딪히는 것이 가족 아닌가. 그런 응어리진 인연들을 풀어내는 것이 기도이다.

"내가 먼저 남편을 함부로 대하지 않고 부처님 대하듯 조심스럽게 대하면 남편 또한 그렇게 됩니다. 자식에게도 함부로 말하지 않고 부처님처럼 대하면 자식이 나쁜 길로 갈 수가 없어요. 그러면 집안이 조화를 이루고 행복이 오고 그렇지요. 그런데 집안의 화목이나 조화는 팽개치고 불상 앞에서 복 달라고 절을 하면 복이 옵니까? 내 집안에서 다투는 소리가 나지 않아야 하고 웃음소리가 나야 복이 오는 것입니다. 조화를 이루는 것이 부처님의 가르침입니다."

부처님 이름으로 승화가 되어 버린다면 어떤 시시비비가 있을 수가 없단다. 내 앞에 오는 모든 사람을 부처님으로 생각하면 시비꺼리가 없겠지만 그렇지 못하니 이 세상은 소음이 그치지 않는 것이다.

"우리 집에 다툼이 없을 때 바깥의 조건들이 따라 들어옵니다. 바깥의 조건이란 사람들이 바라는 복, 행운, 물질 등이 되겠지요. 가족끼리 '내가 잘났다' 히고 짜그락서리면 바깥의 조건들이 다 깨져버려요. 대우주가 전부 나에게 복을 가져다주고 있는데 이것을 깨뜨리는 것은 바로 자기 자신입니다. 혓바닥으로, 행동으로, 마음으로 깨뜨립니다."

이미 복은 갖추어져 있는데, 사람들은 "나는 왜 안될까?

나는 왜 재수가 없을까?" 하는 말을 자꾸 해서 복을 내쫓고, 내 잘못된 행동으로 복을 감해 버리고 있음을 알아야 한단다. 내 가족이라는 부처님에게 삼배를 올리는 것이야말로 아상을 죽이는 가장 좋은 수행방법이라는 것이다. 이렇게 삼배를 하다보면 알게 모르게 쌓아 온 원수 혹은 원결이 저절로 풀어지게 되고 그러다 보면 충돌도 없어지고 서로 감사의 말만 하게 된다. 가족에게 허리가 저절로 굽혀질 때 여기 부수조건으로 행복과 물질적인 것들이 따라 들어오게 되는 것이다.

"참회가 바로 불공인데 먼저 가족에게 참회하고 또 자신에게 참회하여야 합니다. 다른 것은 하지 않아도 좋으니까 아침저녁으로 가족에게 삼배를 하세요."

절에 오는 것이 죽는 것이요, 집에서 가족에게 예불 올리는 것이 사는 것이라 했다. 살고 싶으면 집에 있고 죽고 싶으면 절에 오라는 그 알쏭달쏭한 말씀을 몇 번이고 하였다.

스님은 찻잔이 비자 푸른빛 도는 찻물을 부어주신다. 지금부터 50년도 훨씬 지난 우룡 스님의 수행담을 들을 수 있었다.

6 · 25사변 직후 해인사에서 '능엄주 100일 기도'를 할 때의 일이라고 한다. 기도를 시작한 지 70일이 지나면서 텔레비전이나 라디오도 없던 시절인데도 3~40리 바깥의 동네일들이 눈에 환하게 보이고, 집집마다 주고받는 이야기들이 스님

의 귀에 생생하게 들리는 기이한 일이 벌어졌다. 그리고 사람을 보면 어디가 아픈지 다 보이기도 하여 풀뿌리를 두들겨서 먹이기도 하면서 병을 고쳐주기도 하였다. 그때 스님은 자신이 도인이라는 생각에 사로잡혀 더 이상 공부에 전념할 수가 없었다. 그런데 금봉 스님이 우룡 스님을 두고 '천하의 마구니'라고 야단치고 해서 그런 세계에서 벗어날 수가 있었다고 한다. 흔히 사람들은 이런 세계를 체험한 사람을 두고 도인이라고 하는데, 불교에서는 그런 사람은 무당에 불과할 뿐, 선지식이라고 하지는 않는단다.

스님은 자신의 볼을 탁탁 치면서 눈이 마음을 볼 수는 없지만, 눈에 보이지 않는 세계와 눈에 보이는 세계가 함께 가고 있음을 말씀하였다.

"우리는 영가를 귀신으로 취급하고 있지만, 우리는 눈에 보이는 세계에서 살고 있고, 영가들은 눈에 보이지 않는 세계에서 살고 있을 뿐, 우리와 별 다를 바가 없어요. 마음이라고 하는 그 세계가 바로 영가의 세계라고 보면 되요. 우리의 육신이 보이는 세계에 머문다면 마음은 보이지 않는 세계에 머무는 것입니다. 영가를 천도한다는 것은 결국은 나를 반성하고 참회하는 것입니다. 돌아가신 분을 위하여 절에서 영가 천도를 할 형편이 안된다면 집에서 **금강경**을 천 독을 한다든지 하면, 그것이 결국 내 기도이면서 영가 천도가 되는 것입니다."

"스님들 같이 청정한 사람들이 해야지 우리 같은 범부가 해서 무슨 영가 천도가 되겠습니까?" 하고 물었다. 그러자 스님은 "나도 밥 먹고 똥 누는 사람이요, 그렇게 말하는 그대도 밥 먹고 똥 누는 사람인데 누가 한들 무슨 문제가 되겠느냐?" 한다. 스님이 한다고 해서 특별할 것도 없다면서, 돌아가신 영가의 가슴에 맺힌 응어리를 풀어주겠다는 한마음으로 지극 정성으로 하는 것이 중요하다고 했다.

불교의 요체는 깨달음이라고 할 수 있는데 그러면 무엇을 깨달아야 하는지 궁금하였다.

"금강경의 아뇩다라삼먁삼보리란 꼭 보리심의 이야기만을 뜻하는 것이 아닙니다. 내외간의 이야기, 자식과 부모 간의 이야기 등 모든 것이 아뇩다라삼먁삼보리의 이야기가 되어야만 합니다. '아, 미처 내가 몰랐군요. 다음엔 그렇게 하지 않겠습니다.' '잘못했습니다. 다음엔 안 그럴께요.' 이것이 바로 아뇩다라삼먁삼보리지. 하루에도 수십 번씩 깨달을 수 있는 것 또한 아뇩다라삼먁삼보리심입니다. 그런데 사람들은 선방 스님들이 좌복 위에서 깨닫는 보리심만이 아뇩다라삼먁삼보리인 줄 아는데 너무 멀리 갖다 붙이지 마세요. 내 신구의身口意 삼업三業과 직결되는 마음이 아뇩다라삼먁삼보리의 마음이요, 보리심입니다. 이것이 금강경의 운하응주云何應住 운하항복기심云何降伏其心입니다."

하루에도 수십 차례씩 아뇩다라삼먁삼보리심을 발해서 앞의 이야기가 꺾어지지 않고 뒤의 이야기가 이어지고 이어져서 끝내는 부처님의 자리인 구경각究竟覺에 도달하게 만들어야 한단다. 구경각도 내 생활에서 이루어져야 불교도 불자도 발전이 있고 향상하는 것이다.

"사람들은 내생에 깨닫겠다고 하는 데 내생은 다음의 시간이지 지금의 시간이 아니니 탐낼 것이 못됩니다. 꼭 이 몸뚱이가 죽었다가 다시 이 세상으로 오는 것만이 내생이 아님을 알아야 해요. 지금부터 5분 후가 내생이고 1시간 후가 내생이지. 부처님의 이야기를 실생활 1분 전에 1분 후에 갖다 붙일 수 있어야 해요."

만질 수 없는 미래를 말하는 것이 아니라 '지금 이 순간'만이 유효함을 알아야 하고 행해야 하는 것이다. '지금 이 순간을 잘 사는 것이 대우주의 진리요, 도道'라는 우롱 스님의 간단명료한 법문을 듣고 나니 마치 보물이라도 품에 안은 듯 환희심이 밀려온다.

가족에게 삼배를 올리는 것만으로는 일상 속에서 도를 이어갈 수 없으니 내 마음이 흔들리지 않도록 염불, 주력, 화두를 해야 한단다.

"지금 우리는 대우주와 동체인 유일무이한 힘을 가지고 있다고 하지만 깜빡했기 때문에 본래의 능력을 다 쓰지 못하고 있습니다. 이 몸이 태어날 때부터 지닌 본래의 내 힘을 찾아내기 위해서 염불, 주력, 화두라는 그 방법을 통해서 의지하는 것입니다. 한 가지만 선택해서 꾸준히 해나간다면 그것이 내 살림이 되는 것이지요."

스님은 은사께서 지으셨다는 설법전說法殿의 주련을 읽어주었다.

碧眼老胡默少林 벽안노호묵소림
神光立雪更何尋 신광입설경하심
山光水色非他物 산광수색비타물
月白風淸是佛心 월백풍청시불심
履携葱領誰能識 이휴총령수능식
蘆渡長江自苦吟 노도장강자고음

눈 푸르른 점잖으신 오랑캐(달마 대사)가 소림굴에서 말이 없는데,
신광 대사는 눈 속에서 다시 무엇을 찾고 있는가.
산빛 물빛이 다른 것이 아니고
흰 달 푸른 바람이 모두 부처님 마음일세.
달마 대사가 짚신 끌고 총령을 넘어갔음을 누가 알랴.
갈대를 타고 양자강을 건너갈 때 이미 모든 것을 다 알고 있었네.

은사 스님의 시는 달마 대사를 주제로 한 것이다. 진리를

찾겠다고 야단법석 떨지 말라는 것이다. 자연 그대로가 진리이며, 자연은 숨기는 것 없이 진리를 말해 주고 있는데 사람들이 알아채지 못하는 것이다. 달마 대사가 두 번째로 양자강을 건널 때 이미 법을 다 설했는데 그 위에 자꾸 덧붙이지 말라는 의미이다. 우주의 모든 것이 다 부처님의 마음이요 부처님의 가르침이니 다른 곳에서 가르침을 얻어서 무엇하랴. 괜히 번잡스럽기만 하지.

주련의 마지막 부분에 대해 설명을 더하면 다음과 같다.

당나라의 송운이 외교사신으로 인도에 갔다 돌아오는 길에 총령에서 달마 대사가 지팡이에 짚신을 매달고 걸어가는 것을 보았다.

그래서 송운이 "스님 어디로 가십니까?" 하고 물었다. 달마 대사가 "온 데로 가야 되지 않겠느냐! 자네가 돌아가면 자네에게 명을 내린 임금은 돌아가시고 그 아들이 왕이 되어 있을 거네."라고 말했다.

송운이 고국으로 돌아와 보니 달마 대사는 이미 3년 전에 열반에 들었다고 했다.

달마 대사가 법에 대해 모든 것을 알고 모든 것을 다 가르쳐 주었는데 자꾸 그 위에 덧칠할 필요가 있겠느냐는 뜻도 내

포하고 있으리라.

　이러한 주련의 글귀도 좋았지만, 달을 머금은 절이라는 금오산金鰲山 함월사含月寺의 이름이 너무 시적詩的이다. 금자라가 달을 다 먹어버리면 캄캄하여 어두운 쪽으로 기울어지고, 달을 먹지 않고 그대로 내 보낸다면 밝은 쪽으로 기울어지게 되니, 어느 쪽으로도 기울어지지 않겠다는 의미에서 우룡 스님이 직접 지으신 것이다. 세상살이에 있어 중도를 지키기가 그리 쉬운 일이 아님을 알기에 스님은 사명寺名에도 그런 가르침을 아로새겨 넣은 것이 아닐까 싶다.

　어느 덧 남산의 산그늘이 함월사 마당에 내려와 있다. 산그늘과 함께 남산의 마애불도 내려와 있을 것만 같았다.

운성 스님

1941년 경남 합천 출생. 1956년 통도사에서 월하 스님을 은사로 득도 수계. 뒤에 범어사에서 석암 스님을 계사로 비구계를 수지했다. 1960년 통도사 강원 사집반을 수료했으며, 제방에서 6하안거를 성만했다. 88년 사회복지법인 화성양로원 이사장, 92년 (사)대구 마하야나 불교문화원 부원장, 98년 대구불교사원주지연합회 회장, 98년 재단법인 선학원 이사를 역임했다. 지금은 소백산 장안사 회주이며, 대구 광덕사에 주석하고 있다.

오늘의 일을
다음 생으로 미루지 말라

 열세 살의 소년은 자신의 소원대로 절에서 생활할 수 있게 되었다. 유복한 가정에서 태어나 불심 강한 부모님 밑에서 초등학교를 다녔던 소년은 학교보다 부처님 계시는 절이 더 좋았다. 어머니의 치마끈 붙잡고 절에 졸졸 따라다니던 예닐곱 살 때부터 절에 가면 집에 오기가 싫었다. 어린 나이에도 집에 있으면 금색을 하고 근엄하게 법당에 계신 부처님의 안부가 궁금했고, 코끝에 와 닿는 향내가 그리웠다.
 열세 살이 되자, 세상을 보는 눈이 조금 야물어졌는지 혼자서도 어머니가 다니는 절에 갈 수 있을 것 같았다. 그래서 가출을 시도하여 절로 가 버렸다. 뛰어봐야 부처님 손바닥이라고 소년의 가출은 며칠 만에 끝을 맺고 집으로 잡혀 왔다. 두 번째의 가출도 절로 갔는데, 금방 잡혀오게 되었다. 부모님은 또 다시 가출을 할까봐 단속을 했지만 다 소용없는 일이었다. 허술한 틈을 보아 세 번째로 가출을 단행했는데, 이번엔 가출이 아닌 출가가 되었다. 부모님도 수행자가 될 아들의 운명을 예감했는지, "천상 너는 스님이 될 팔자인가 보다."며 더 이상 집으로 데려오지 않았다.

소년은 열세 살이라는 어린 나이에 출가를 했는데, 한 번도 속가로 돌아가고 싶은 생각이 들지 않았다. 산에 가서 나무 한 짐 해다 나르고, 불 때어 밥하고, 도량이며 방이며 청소하는 그런 행자생활이 고달프다는 생각은커녕 오히려 신바람이 났다. 어른스님들도 어린 행자에게 "넌 아무래도 세세생생 중이었나 보다."고 한마디씩 던졌다. 이 말도 무척 듣기 좋았다. 통도사의 월하 스님을 은사로 하여 계를 수지하고 운성雲惺이라는 불명을 받고 부처님의 제자가 되었던 그날의 기쁨을 아직도 기억하고 있다.

가창댐을 따라 연이어진 산에는 쑥대머리 같은 갈대의 하얀 꽃이 가을빛을 그려내고 있다. 한낮의 태양빛이 뜨겁다 해도 한결 누그러져 그늘에 들어서면 까슬까슬한 기운이 느껴진다. 수면에 내려앉은 산 그림자는 물색과 어우러져 한 폭의 그림 같았다. 산색과 물색이 빚어내는 아름다운 풍광에 마음을 주고 걷다보면 광덕사라는 팻말과 마주치게 된다. 만일염불기도도량인 광덕사로 가는 길은 아름다웠다.

운성 스님은 어릴 때 출가했기 때문에 월하 스님으로부터 남모르는 사랑을 많이 받았다고 회고했다. 자신의 공부는 드러낼 것이 없다면서 은사이신 월하 스님 이야기로 이어갔다. 은사 스님이 열반하시기 전에, 스님이 가시고 나면 방장이 있어야 하는 데 누구를 생각하고 있는지 여쭈었더니, "아무도 없어야." 그러시더란다. 그래도 열반하시기 전에 정해 놓으면 좋지 않겠느냐고 했더니, "그건 산 사람들 몫이지, 내가 할 일이 아니야."라고 일침을 놓았다. 은사 스님이 열반하시고 나니 참으로 혜안을 지닌 답이라는 생각이 들었단다.

"월하 스님은 아주 자애로운 분이지만 옳고 그름이 분명하고 대쪽 같은 분이었어요. 종단이 분란에 휩싸였을 때 박대통령이 종단의 분규를 해결하겠다는 의지를 가지고서 종단의 영향력 있는 원로스님 다섯 분을 청와대로 초청했어요. 그때 종회의원이 21명이었는데 재가불자도 종회의원에 넣자는 의견을 박대통령이 제시했을 때, 월하 스님이 그 자리에서 안된다고 분질렀데요. '속인 한 사람이 스님 이십 명을 다 잡아먹어요.' 라는 월하 스님의 말씀에 박대통령은 박장대소했고, 스님의 의견을 존중해서 더 이상 거론하지 않았데요."

월하 스님은 환속한 제자까지도 챙길 정도로 정이 깊은 분이었지만, 잘못을 했을 때는 가차 없이 야단을 쳤다. '두 번 다시는 이런 짓 하지 말라.' 는 의미로 대중들 앞에서 야단을 치곤했는데, 운성 스님은 이것 또한 큰 사랑의 표현이라 여긴단다.

"은사 스님은 생전에 불교의 인과론은 숙명론이 아니라 내일을 창조하고 오늘의 과오와 고뇌를 근원적으로 개조하기 위한 것임을 강조했어요. 지금 이 순간은 과거의 업을 푸는 것과 동시에 새로운 업의 씨앗을 심는 것이니 현재에 충실하라고 일렀어요."

'오늘 내가 받고 있는 이 과보는 어제의 행위가 원인이 되었고, 오늘 내가 짓는 행위는 내일의 결과를 낳게 된다.'는 월하 스님의 귀한 가르침을 마음에 새겨 주었다.

스님은 선객이 되어 선방을 떠돌면서 공부를 하다 사고로 크게 다친 뒤로는 선방에 앉을 수가 없었다. 대중생활조차 힘들어서 작은 토굴을 마련하여 홀로 수행정진했다. 은사 스님은 토굴생활을 못마땅해 했고 몇 번이나 스님 곁에 와서 대중생활을 하라고 일렀다. 이즈음에는 어른스님을 좀 더 많이 모시지 못한 것이 후회스럽기도 하단다. 토굴생활은 스스로가 자신을 다잡아나가야 하기에 밤낮없이 염불수행에 매달렸다. '나무아미타불' 염불은 수행자로서 오롯하게 살아낼 것을 시시각각 요구했다. 고성염불로 목에서 피를 쏟을 정도로 자신을 혹독하게 다스렸다.

광덕사는 1993년 시월 초하루 날 '만일염불기도' 입제식을 올렸다. 1만 일을 세어 본다. 27년 하고도 반년을 더 꼽아야 하는 긴긴 시간들이다. 기도를 입제한 지 16년이 지났으니 앞으로도 장강처럼 긴 11년의 시간이 남아있다. 스님은 "우주의 시간에 비한다면 또 그동안 우리가 윤회해 온 전생의 시간에 비하면 아무것도 아니지요."라고 한다. 스님의 셈본과 우리의 셈본은 확연히 다른 것이다.

스님의 법문을 듣고 있는 사이 교복을 입은 아이들이 도량을 오고가기에 궁금하여 여쭈었더니 절에서 키우는 아이들이라 했다. 수십 년 전부터 "내 힘에 버겁지 않게 아이들을 키우고 있다."고 했다. 따뜻한 부모의 품에서 자라야 할 아이들이 함부로 버려지는 것이 안타까워 하나 둘 돌보기 시작했는데, 스님 손을 거쳐 간 아이들이 수백 명에 이른다.

"저는 아이들이 일반 가정에서 자라는 것처럼 똑같은 분위기를 만들어주고 싶어요. 그래서 첫째는 아무리 바빠도 나 이외에는 아이들에게 심부름을 시키지 말라고 정해 놓았어요. 그리고 학교 공부 외에도 개인적으로 배우고 싶은 것이 있거나 공부가 더 필요한 아이들은 학원에 가서 배우라고 합니다."

학교생활에 잘 적응하기 위해서도 필요하지만 아이들이 바깥에 나가서 기죽지 말라고 피아노학원, 미술학원, 태권도 학원 등 취미학원과 수학, 영어 등을 가르치는 입시학원에도 보내고 있다. 학교에서 앞서가는 아이가 되도록 원력을 세워시 키우고 있다. 스님은 말씀 끝에 "학교에 들어가는 돈은 돈도 아니데요. 저도 사교육비가 만만치 않게 들어가요."라면서 웃었다. 아이들이 원하면 대학교도 보내주고 있다고 하니 스님의 원력이 참으로 크다. 그래서 주위에서 스님과 인연 맺은 아이들은 '복이 많다'고 한단다. 아이들을 키우면서 스님이 제일 안타깝게 생각하는 것은 '잘 키우고 있는 아이를 부모가 몰래 데려가서는 망쳐 놓는 경우'이다. 아이들을 거두는 것은 '하늘같은 불은佛恩에 대한 작은 회향'이라며 이야기를 자꾸만 염불수행으로 돌렸다.

'극락세계가 죽어서 가는 세계인지 아니면 죽기 전에 극락세계를 이루어야 하는 지'를 여쭈었다. 스님은 '신심이 부족한 사람은 극락세계가 있느냐 없느냐 의심하는데, 부처님은 거짓말을 하지 않는 분'이라며 아미타경은 누가 물어서 설한 것이 아니고, 부처님께서 직접 설하신 경임을 강조했다.

"여기에서 서쪽으로 십만억 불토를 지나가면 극락이라는 세계가 있는데, 그 세계에 계신 부처님 명호는 아미타불이시며 지금도 설법을 하고 계시느니라."

아미타경의 부처님 말씀이다.

"이렇게 선명하게 말씀하셨는데, 극락을 의심하면 안되지요. 십만억 국토를 지나서 있는 정토에 가려면 과학적으로 보면 현재의 인공위성으로 가도 1조억 년이 걸려야 갈 수 있다고 합니다. 부처님이 데려가지 않고는 도저히 극락세계에 갈 수가 없습니다. 아미타불의 48대원 가운데 십념왕생원十念往生

願이 있어요. 임종 시에 '나무아미타불'을 열 번만 불러도 극락세계에 간다는 말입니다. 그런데 죽음을 앞두고 아파서 '아' 소리도 안 나오는데 어떻게 '나무아미타불'이 나오겠어요? 하지만 오랜 세월동안 염불 수행이 습성이 되어있는 사람이라면 기력이 떨어져 소리를 낼 수 없다 하더라도 생각이 살아있다면 염불을 할 수 있어요. 꾸준히 수행한 사람이라면 극락세계에 갈 수 있습니다."

경전에 선연하게 기록된 아미타 세계를 의심하여 함부로 말하는 사람들이 못내 서운하다는 듯 '전백장 후백장' 이야기를 들려주었다.

백장 스님이 법문을 할 때마다 노인 한 사람이 한 번도 빠지지 않고 뒷자리에서 법문을 듣고는 대중을 따라 물러가곤 하였다. 어느 날은 법문을 마쳤는데도 물러가지 않고 그 자리에 남아 있기에 백장 스님이 "어디에서 온 누구신지?" 하고 물었다.

"예, 지는 사림이 아닙니나. 서는 2백 생 동안 여우의 몸을 받아 오늘에 이르렀습니다. 청법을 하고 싶습니다."

"그러면 물어라."

"어느 날 제자가 '수행이 뛰어난 자도 인과因果에 떨어집니까?' 하고 물었습니다. 그래서 제가 '인과에 걸리지 않는다.'

운성스님 169

無碍因果고 답했습니다. 그 인과로 여우 몸을 받게 되었습니다. 스님께서는 부디 한 말씀해 주셔서 여우 몸을 벗게 해 주십시오.”

"그러면 수좌가 물은 것처럼 그대로 물어라."

"수행을 많이 한 사람도 인과에 떨어집니까?"

그러자 백장 스님은 벼락 치는 듯 큰 소리로 "인과에 어둡지 않도다."不昧因果고 답했다. 노인은 이 말을 듣고 크게 깨닫고는 절을 올리면서 "저는 이제 여우의 몸에서 벗어났습니다. 부탁하건대 뒷산의 여우굴을 찾아 승려처럼 장례를 치러 주십시오."라고 부탁했다. 백장 스님은 대중을 이끌고 산 뒤쪽의 동굴 속에서 죽은 여우 한 마리를 끄집어내어 승가의 법도에 따라 장례식을 치러 주었다.

"이것이 선가禪家에 전해지는 '전백장 후백장'이라는 하나의 화두입니다. 무애無碍나 불매不昧나 뜻이 다르지 않는데도 전백장 스님이 자기의 소견대로 함부로 말한 인과로 2백 생 동안 여우 몸 받은 것을 명심해야 합니다."

스님들이 법문을 할 때 자기 소견으로 함부로 말하는 것도 삿된 일이라 했다. 인용을 하더라도 방편은 방편일 뿐 부처님의 진리를 왜곡되게 해서는 안된다는 것이 스님의 신념이다.

"극락세계가 어디 있나? 하면서 '극락은 자기 마음속에 있다'고 하는 데, 그것도 망언이라, 뼈 깎는 수행으로 극락이 내 마음속에 있을 정도로 견성을 이루었을 때 극락이 내 마음에 있다고 할 수 있는 것이지, 그런 노력도 하지 않고 함부로 극락은 내 마음속에 있다고 말해서는 안됩니다."

화두가 염념상속念念相續해야 하듯이 염불수행 또한 망념妄念이 섞이지 않도록 일심으로 염념상속해야 염불삼매에 이를 수 있는 것이기에 염불선도 결코 쉽지 않단다. 일체중생 모두 부처님 성품을 지니고 있지만 업이 두텁고 번뇌에 휩싸여 있어 수행이 수순하게 잘되지 않는 것이라 했다. 선에는 염불선과 화두선이 있는데, 어느 것을 하더라도 견성하면 되는 것이지 더 수승하다고 우열을 가릴 필요가 없단다.

"불교를 믿는 사람은 원력이 있어야 합니다. 불자는 성불하는 것이 목적이잖아요. 아무리 팔만장경을 다 외워도 금생에 성취 못하면 다 외도外道라. 왜냐하면 죽어서 다음 생에 꼭 사람으로 태어난다는 보장도 없고 또 어디 태어날지 모르는데, 다음 생에 깨닫겠다고 한다면 도리에 맞지 않아요. 그러니 다음 생으로 미루지 말고 사람 몸 받고 불법을 만난 금생에 정진하여 해탈해야 합니다. 극락세계는 상품, 중품, 하품으로 나누는데 극락국토에서는 하품하생에서 중품중생으로 올라가려면 2천억 년을 닦아야 갈 수 있어요. 하지만 이 사바세계에서는 잘만 닦으면 1년만 해도, 3년만 해도 중품중생으로 바로 올라 갈 수 있어요. 이렇게 좋은 세상을 만났는데 지금 해결하시지 않으면 언제 해결하겠어요? 아미타부처님의 48대원이 염불수행을 발원한 중생들을 받아들이고 극락세계에 왕생하게 합니다. 그래서 염불행자는 꼭 아미타부처님에게 '명을 마치면 나를 극락세계로 데려가 달라.'고 원력을 세워야 합니다."

우주에 무수한 부처들이 있는데 꼭 아미타불을 불러야 하는 것은 '아미타불의 근본 서원이 가장 강력하고 그 서원은 오탁악세에 가장 알맞기 때문'이며 또 '아마타불의 공덕과 지혜, 신통력과 수행력, 중생을 제도하는 일에 이르기까지 모든 것이 무한하기' 때문이란다.

광덕사를 만일염불 수행도량으로 만든 연유를 알 것 같다. 스님의 정토관은 확고하다. 스님은 아직 수행이 부족해서 아무것도 아는 바가 없다고 하지만, 이 모든 것은 스님의 치열한 수행에서 나온 것임에 틀림없다. 평생을 염불수행으로 일관해 온 중국의 우익 스님은 결가부좌하고 서쪽을 향해 손을 든 채로 입적했다고 하는데, 운성 스님의 원력도 그러하다.

산문을 나서니 노을이 내려앉은 호수와 나무들이 황금빛으로 빛났다. 마치 극락세계라도 갔다 온 듯 눈앞에 펼쳐지는 세상이 낯설다.

원응 스님

부산 선암사에서 석암 스님을 은사로 득도. 제방선원에서 참선공부에 매진하다가, 1961년 지리산 벽송사에 들어가 도량을 중창하고 서암정사를 창건했다. 1985년부터 15년에 걸쳐 〈대방광불화엄경〉 사경을 성만하였으며, 〈화엄경 금니사경〉 전시회를 한국과 대만에서 여러 차례 열었다. 지금은 서암정사에 주석하며 사경통선寫經通禪을 널리 펴고 있다.

화엄세계에서 만나는
사경통선 寫經通禪

산색은 유순해지고 들녘은 가을걷이를 기다리고 있다. 지리산 자락 칠선계곡에 자리 잡은 서암정사의 가을은 아름다웠다. 서암정사 종각에 서면 겹겹이 둘러쳐진 산자락 사이로 지리산의 최상봉인 천왕봉이 보인다. 천혜의 절경에 자리하고 있는 서암정사는 한국의 굴법당에 대한 기록을 새로 쓰게 했다.

서암정사에 들어서서 자연 암반에 조성한 사천왕상과 눈맞춤을 하는 순간 상서로운 기운을 느끼게 된다. 사천왕상을 지나 돌계단을 올라가면 아치형으로 된 대방광문大方廣門을 지나게 된다. 대방광문은 화엄세계 즉 비로지니의 세계로 들어가는 문을 말한다. 대방광문을 지나면 사바세계를 굽어보고 있는 비로자나불을 만나게 된다. 커다란 한 개의 바위에는 비로자나불과 협시보살인 문수보살과 보현보살이 새겨져 있으며 2단 구조를 이루고 있다. 나반존자를 새긴 바위는 독성각이 되고, 호랑이를 타고 있는 산신을 새긴 바위는 산신각이 된다. 노량을 둘러보면 태초에 이 땅은 만년성지로 점지되어 있다가 기연을 만나 새롭게 태어났음을 느끼게 된다.

천연동굴인 굴법당에 들어서면 불보살의 세계가 그림처럼 펼쳐진다. 법당문을 열고 들어서면 순간이동을 하여 천상계에 발을 딛고 있는 환상에 빠져든다. 불보살 사이사이의 여백을 가득 메우고 있는 구름물결을 따라 어디론가 둥실둥실 떠가는 느낌이다. 아미타불전에 나붓이 삼배를 올리고 굴법당 내부를 찬찬히 둘러본다. 오래전부터 뵙고 싶었던 부처님의 10대 제자들, 48대원을 세웠던 법장비구도 법당을 지키고 있다. 자연동굴에 불과했던 공간이 원응 스님의 수행과 높은 안목에 의해 화엄의 세계로 완성되어졌다.

원응 스님은 낡은 검은색 털신을 신고 주장자를 짚고 도량을 거닐고 있었다. 눈꼬리가 부처님 같이 인자한 스님의 얼굴을 마주하자 세속에서 힘겨웠던 마음들을 내려놓고 싶어졌다. 스님의 근황을 여쭈었더니 "노인네 하는 일이 별 것 있나. 기도하고 수행하는 것이지." 하신다.

"예전보다 근력이 떨어져서 활동량이 아무래도 줄어들었지. 생로병사를 피할 장사가 어디 있겠노?"

굴법당 앞의 배롱나무는 끝물이라 색 바랜 꽃잎 몇 장을 달고 있었다. 배롱나무는 사람으로 치자면 한 쪽 팔이 잘려나간 것처럼 생김새가 어딘가 부자연스러워보였다.

"이 배롱나무 나이가 2백 살도 넘어요. 어느 농가의 마구간 앞에서 천대받다가 나무 장사에게 팔렸어. 내 눈에 들어서 굴법당 앞에 심어놓았지. 사람이든 물건이든 다 자기 자리가 있어. 자신이 있어야 할 자리를 빨리 찾아가는 것도 공부야. 너무 분에 넘치는 자리에 앉아있는 것도 좋은 일은 아니지."

원응 스님은 1960년 선공부를 위해 지리산 벽송사로 들어갔다. 한국전쟁으로 벽송사는 폐허 직전이었는데 법당의 부처님까지 탈금이 되어 검은색을 띠고 있었다. 폐허가 된 도량을 일으켜 세우면서 벽송사가 조선인민유격대의 야전병원으로 이용되었던 것을 알게 되었다. 어리석은 인간들의 욕심과 잘못된 이데올로기에 희생된 많은 원혼들을 위로해주고 싶었다.

"이데올로기에는 민주주의가 있고 사회주의가 있지만, 부처님 법 안에서는 그런 분별은 없어지고 똑같이 불성을 지닌 사람들이지. 부처님 법 안에서는 너와 내가 다르지 않기에 아무 이유 없이 원통하게 죽어간 수많은 사람들의 영혼들을 달래주고 싶었지."

스님은 지금의 서암정사가 된 자연석굴을 처음 발견하고 나서 상서로운 꿈을 꾸었다. 스님은 이곳을 만년도량으로 일구어내야겠다는 발원을 했다. 일꾼들과 함께 손수 돌을 져 나르는 일을 했고, 도량의 큰 나무부터 풀 한 포기까지 스님이 직접 심고 가꾸었다. 동이 트기도 전에 연장을 잡았고 으스름 저녁녘이 되어서야 연장을 손에서 놓았다. 힘든 노동을 하면서도 힘든 줄 모르고 기쁜 마음으로 일한 그때의 심정을 시로 읊었다.

終日無心道樂裏 蜂蝶野鼠歡喜友 종일무심도요리 봉접야필환희우
종일토록 무심의 도 안에서 노닐고
벌 나비 쥐와 함께 기쁘게 친구하네.

자연석굴에 굴법당을 조성하는 것은 결코 쉬운 일이 아니었다. 가풀막진 숲 속에 스님이 생각하는 화엄의 세계를 조성한다는 것은 어렵고도 힘든 일이었다. 스님은 굴법당 조성하는 이 일을 금생에 다해 마치지 못하면 다음 생에라도 할 것이라 마음먹었기 때문에 서두르지 않았다. 스님은 세월을 헤아리지 않고 눈앞에 하나하나씩 펼쳐지는 화엄의 세계만을 보았다.

"우리가 한 생만 살고 그만 사는 것이 아닌데 그리 서두를 일이 뭐 있나. 어떤 일을 할 때 조바심 낼 필요가 없어요. 공력을 들이면 들인 만큼 다 나오게 되어있어."

스님은 결코 말씀을 길게 하시지 않는다. 평생을 말보다는 몸소 실천하고 행하는 것을 으뜸으로 삼았기 때문이리라. 혹 사람들 눈에는 원응 스님이 본분사를 잊어버리고 굴법당 짓는

일에만 매진한 것으로 비쳤을 수도 있다. 하지만 스님에게는 노동이 곧 수행이요 수행이 곧 노동이었다.

> 念念不離是甚麽 不知歲月三十年 염념불리시심마 부지세월삼십년
> 생각 생각에 이뭣고를 놓지 않다
> 삼십 년 세월을 잊었네.

원응 스님은 1985년 서암정사를 건립하면서 대방광불화엄경 80권본을 금니로 사경하겠다는 서원을 세웠다. 금니로 사경하기 전에 금강경을 120번, 대방광불화엄경 80권본을 먹으로 사경했다. 이러한 과정을 거치면서 스님만의 독특한 서체가 탄생했다. 처음 10년은 먹으로 58만 7,261자에 달하는 화엄경 전문을 사경하였는데, 이는 금니사경을 위한 준비과정이었다. 오탈자의 방지를 위해 한국의 '봉은사' 판본과 '직지사' 판본을 일본의 '신수대장경'과 대만의 '중국대장경'을 대조하고 점검하여, 글자 한 자도 빠지거나 틀리지 않도록 바로잡았다.

이렇게 모든 준비를 마친 후 다시 5년의 세월 동안 매일 300자씩 사경하였다. 손수 쪽물을 들여 만든 감지紺紙 위에 금가루를 아교에 섞어 붓으로 써 내려간 감지금니紺紙金泥 대방광불화엄경 전문 사경이 1999년에 완성되었다. 15년의 세월 동

안 힘든 사경으로 인해 여러 차례 팔이 빠지고, 시력을 잃을 정도로 건강이 나빠졌다. 어려운 고비를 당할 때마다 부처님의 6년 고행에 비하면 아무것도 아니라는 생각으로 참선과 기도로서 극복했다. 낮에는 가람 짓는 일을 하고 밤에는 불 밝혀 사경 수행을 하는 동안 수십 년의 세월이 흘러갔다. 원응 스님은 화엄경 사경을 하면서 여러 가지 신묘한 일이 있었지만 '마음을 깨치는 일'에 비하면 아무것도 아니라고 했다.

우리나라에서는 삼국시대부터 사경수행이 있었고, 고려시대에 이르러서는 '사경원'이라는 공공기관을 두어 국가적으로 사경 전문인을 배출할 정도였다. 하지만 조선의 숭유억불을 거치면서 사경은 거의 맥을 잃고 말았다. 현존하는 우리나라 최고 사경본은 '국보 제196호'로 지정된 통일신라시대의 백지묵서 대방광불화엄경 일부가 전해지고 있다. 원응 스님의 감지금니 대방광불화엄경 80권 전문 사경본은 세계 유일의 작품으로 기록되고 있다.

60만 자字에 이르는 방대한 경전을 한 자도 틀리지 않고 써 내려갔다고 하니 얼마나 집중하여 정성을 들여서 사경했는지를 짐작할 수 있다. 한 자라도 틀리면 그 페이지는 다시 써야 하는데, 글자를 틀리게 썼다고 해서 함부로 찢어버릴 수 없는 것이 경전이기에 한자를 쓸 때마다 온 정성을 다 쏟았다.

스님은 '사경할 때의 그 마음이 바로 화두 드는 그 경계와 다를 바가 없음'을 깨달았다. 원응 스님은 사경통선寫經通禪이라 하여, "사경수행은 곧 선수행과 상통한다."는 믿음을 가지게 되었다. '사경은 선과 함께 불교의 궁극적 목표인 깨달음으로 나아가는 최상의 수행법'이라 했다. 스님은 선방 좌복 위에서의 선만이 선이 아님을 보여주었다. 스님은 노동을 통한 선, 사경을 통한 선으로, 수행이란 앉는 태態가 중요한 것이 아니라 그 정신임을 보여준 것이다.

"사경을 하는 사람은 몸과 마음을 깨끗이 하는 참회기도와 함께 다른 이들의 행복과 우리 사회가 밝아지기를 발원해야 합니다. 자식을 위한 기도도 좋고 다 좋은 일이지만, 마음을 크게 쓰는 것이 부처님 법이야. 글 한 자에 절 한 번, 혹은 글 한 줄에 절 한 번을 할 만큼 경건한 마음자세로 사경을 하다 보면 지혜의 눈이 열리는 것이지."

경전을 몇 번 사경했다는 숫자가 중요한 것이 아니라 사경하는 동안 내 안의 탐욕과 번뇌를 단속하고 눅여나가는 마음자세가 중요한 것이라 했다. 원응 스님은 사물의 외양을 보는 것이 아니라 그 본질을 꿰뚫어보시기에 중생들의 숫자놀음도 마뜩찮은 것이다. 사경을 하는 동안 조금이라도 마음이 흐트러지면, 오자나 탈자가 생겨 처음부터 다시 시작해야 하므로 사경수행은 고도의 정신집중을 요하는 수행법이다. 사경삼매의 그 맛도 화두삼매와 다르지 않단다.

원응 스님의 상좌이자 서암정사의 주지인 법인 스님은 '사경봉선'을 널리 알리고 싶어 서암정사에 '사경법보전'을 건립했다. 건평 80평으로 지어진 사경전문 전시관이자 참배관으로 감지금니 대방광불화엄경 사경본을 중심으로 하여 금니, 은니, 경면주사 사경본과 탑 다라니 등을 전시하고 있다. 그리고 사경수행을 하고 싶은 이들을 위한 공간과 프로그램도 마련해 두었다. "불교는 스스로가 체험하지 않으면 그 깊은 맛을 알 수 없어요. 사찰에서 직접 사경삼매를 느끼고 수행에 대한 눈을 뜰 수 있는 계기를 만들어주고 싶다."고 했다. 기복으로만 흘러가는 신행생활을 바로잡아주고 싶은 원응 스님의 뜻을 읽을 수 있었다.

"길지 않은 한 생 동안에 굴법당인 서암정사와 금니 대방광불화엄경 사경본이라는 불후의 명작을 남겼다."고 했더니, "출가인은 오로지 공부한 것만을 가져가지 다른 것은 없다."는 말씀을 낙관처럼 찍는다.

어떻게 사는 것이 잘 사는 것인지 여쭈었다. 스님은 바위에 새겨진 '하심'下心이라는 글자를 가리켰다. 스님은 하심을 평생의 실천덕목으로 삼았다. 세상살이가 힘들고, 마음에 미운 사람을 품고 있다고 해도 "그저 나를 낮추고 하심하면 되지. 나를 낮추고 보면 모든 시비가 끊어지고 고통에서 벗어나게 된다."고 일러준다.

인환 스님

1931년 평남 원산에서 출생. 1952년 부산 선암사로 출가. 원허 스님을 은사로, 석암 스님을 계사로 사미계 수지. 1956년 해인사 금강계단에서 구족계 수지. 동국대 불교학과를 졸업하고 동국 대학원에서 석사과정 수료. 일본 동경대에서 박사학위 취득. 1976년부터 캐나다 토론토에서 대각사를 창건해 해외포교에 매진. 1982년부터 동국대 선학과 교수로 재직했으며, 정각원장, 불교문화원장 등을 역임. 2011년 대종사 법계품수. 지금은 조계종원로의원 및 대종사이며, 동국대 불교학술원장 및 동국역경원장을 맡고 있다.

저서로는 〈신라불교연구〉〈한국불교계율사상연구〉〈저기 도망가는 달마 잡아라〉〈선리참구〉 등이 있다.

원력을 세우면
욕심이 멀어진다

휘파람새의 청아한 울음소리가 봄볕에 졸고 있는 경국사 마당을 가로지른다. 다람쥐 한 마리가 하릴없다는 듯이 떡갈나무 사이를 오고간다. 진달래꽃은 분홍빛을 아낌없이 풀어내어 주변을 환하게 밝히고 있다. 그들은 저마다 다른 모습으로 정오의 고요한 풍경을 연출하고 있다. 자연이 아름다운 것은 꾸밈없이 자신의 생명력을 마음껏 드러내기 때문이 아닐까 싶다.

인환 스님의 거처에는 '환희당'이라는 편액이 걸려있다. 한지 바른 여닫이문을 열고 들어서자 한쪽 벽면에 소박하게 꾸며진 작은 법당이 눈에 들어온다. 그리고 벽 한 켠은 책들이 차지하고 있다. 오랫동안 대학에 몸담아 온 교수의 거처임을 한눈에 알 수 있다.

북한의 원산이 고향인 스님은 전쟁 통에 이산가족이 되었고 열여섯 살의 소년은 1.4후퇴 때 피난행렬을 따라 혈혈단신 남으로 내려왔다. 오다보니 부산까지 와 버렸고, 오갈 데 없는 소년을 노보살님이 선암사로 데려다주었다. 그곳에서 향곡 스님의 법문을 듣게 되었고, 처음 접한 불교이지만 바깥세상과는 다르다는 생각이 들었다. 이때부터 절에 머물면서 나무도 하고 밥도 하고 참선도 하면서 중물을 들여 나갔다.

선학과 교수로 오랫동안 후학들을 지도하고 배출하신 인환 스님께 '인도선과 중국의 조사선'이 어떻게 다른지 여쭈었다.

"인도에는 부처님 그 이전부터 선이 있었는데, 불교의 선은 인도의 여러 수행법을 발전적으로 계승한 것이라 할 수 있어요. 선이란 몸 다스리고 숨 다스리는 것을 기본으로 합니다. 몸 다스리고 숨 다스리는 것은 인도의 수행법과 조사선의 공통된 방법이기도 합니다만 조사선에서는 닦아서 성불하는 것이 결코 아니지요. 우리는 달마 스님 이후로 여러 조사님들이 갈고 닦아 온 조사선을 수행하고 있는데, 이 조사선은 즉신성불卽身成佛을 강조하고 있어요. 그런데 인도에서는 사성계급제도로 말미암아 현재보다는 내세에서 깨닫겠다는 생각이 강했으며, 깨달음으로 가는데 52단계가 있으며 그 시간을 아주 길게 잡았지요. 이에 비해 중국인들은 매우 현실적인 사고를 하는 민족이다 보니 긴 시간동안 기다릴 수가 없어요. 자신의 팔을 잘라 법을 구하는 혜가 스님에게 단 한 번의 법문으로 견성케 했다는 달마대사의 안심법문安心法門은 중국에서 벌어진 즉신성불의 첫 번째 예로 꼽을 수 있습니다."

하지만 선은 어디까지나 자신이 직접 체험하는 세계이기 때문에 노력하지 않으면 안됨을 강조했다. "선은 어떠한 경우라도 환경에 지배됨이 없고 주변의 유혹에도 빠지지 않고 자주적인 생활을 할 수 있는 힘을 길러주는 것"이라 했다.

화두일념으로 머릿속이 가득하게 되면 결국엔 오매일여寤寐一如의 경지에 이르게 된다면서 번뇌와 망상은 아주 먼 전생에서부터 우리 마음속에 붙어 다니던 불씨와 다름없다고 했다.

"번뇌망상은 인연이 닿으면 커다란 불꽃으로 변하여 마음속의 선근善根을 태워버려요. 까만 연기를 내뿜어 청정한 자성을 가리니 암흑천지가 되는 거지. 번뇌와 망상의 불길을 다스리는 가장 좋은 방법은 번뇌의 땔감을 넣지 않는 것입니다. 땔감이 없으면 불꽃이 사그러지고 말지요."

마음속을 단 한 생각, 단 한 가지 의심으로 가득 채우면 번뇌의 불길을 돋우어 줄 땔감의 공급이 끊어지게 된단다. 옛 조사 스님들은 그렇게 해서 깨달았다며, 향엄 선사의 이야기를 들려주셨다.

향엄 스님은 하나를 들으면 열을 아는 수재였다. 위산 스님은 향엄의 경지가 사량분별하는 지식知識에서 나오는 것이지 견성한 자리에서 나오는 것이 아님을 알고 있었다. 하루는 위산이 향엄을 불렀다.

"그대가 어머니의 태 안에서 나오기 이전 일에 대해서 한 마디 일러보게."

향엄은 자신의 지식과 경전의 문구를 동원하여 대답했지만 위산은 머리를 흔들었다.

향엄은 답을 포기하고 "제게 바로 일러주십시오."하고 법을 청했다.

"그대에게 무엇을 말해준다 해도 그것은 내 깨달음이지 그대의 깨달음이 아니다."

그날부터 향엄 스님은 토굴을 파고 화두 일념에 들어갔다. 그러던 어느 날 토굴 앞의 나뭇잎을 쓸다가 돌멩이가 대나무를 맞히는 소리에 깨달음을 얻었다. 향엄 스님은 번잡한 지식과 번뇌를 버리고 오로지 한 생각으로 꽉 채웠기에 대자유를 얻은 것이다. 인환 스님은 많은 지식을 얻으려 하지 말고 생활을 단순화 시킨다면 마음의 고요를 얻을 수 있다고 일렀다.

"사람들은 눈에 보이는 세계만이 전부인 줄 알고 서로 밀고 당기면서 각축을 벌이지만, 보이는 세계가 있다면 반드시 보이지 않는 세계도 있어요. 그러나 모양 있는 것은 모양 없는 것에 의지합니다. 커다란 태양과 달과 지구도 형체 없는 빈 공간에 의지하여 존재합니다. 가장 큰 것은 삼천대천세계요, 가장 작은 것이 티끌이지만 삼천대천세계 역시 티끌로 이루어져 있습니다. 결국은 삼천대천세계와 티끌은 질적으로 동일하다는 것입니다."

의상대사의 법성게를 떠올리게 만든다.

一微塵中含十方 一切塵中亦如是 일미진중함시방 일체진중역여시

작은 한 티끌 속에 시방세계가 담겨져 있고,

일체의 각 티끌 속에 역시 시방세계가 포함되어 있다

부처님은 현실의 세계를 바로 보고 파악하고 난 연후에 모든 존재는 인과의 법칙에 의하여 존재해 있음을 깨달았다. 원인 없는 결과는 존재하지 않는다는 것이 불교의 근본 가르침이다.

"아프리카의 소말리아 같은 국가에서는 수없이 많은 생명들이 매일같이 굶어 죽어가고 있는데도 다른 한쪽에서는 과소비 생활을 즐기고 있어요. 먼 나라 일이라 생각해서는 안되요. 내가 많이 먹고 과소비했기 때문에 어느 한쪽에서는 그런 고통을 당하는 사람이 있다고 생각해야 됩니다."

네가 아프니 나도 아프다는 유마거사의 말을 떠올리게 한다. 인환 스님은 나와 너는 인드라망처럼 서로 연결되어 있으니 '나'만을 위한 삶은 불교적인 삶이 아니라고 했다.

인환 스님은 오십 년도 훨씬 넘는 세월을 새벽 3시에 일어나서 경전독송과 108배 그리고 참선을 하신다. 3시간이 걸리

는 새벽 예불이다. 몇 년 전만 해도 대중들과 같이 법당에서 예불을 올렸지만, 어느 날 새벽예불을 하러가다 넘어져서 크게 다친 일이 있다. 이후 자신으로 인하여 다른 사람에게 피해를 주어서는 안된다는 생각에 스님의 방 한쪽에 법당을 마련하여 예불을 올린다. 스님의 108배는 행자시절 때부터 시작하여 육십여 년이 흐른 지금까지 하루도 빠지지 않고 이어오고 있다.

"부처님이 깨닫고 나서 처음으로 하신 말씀이 무엇인지 알아요? '참으로 희한한 일이구나. 일체중생이 부처님과 같아 지혜의 덕성을 갖추고 있건마는 그것을 알지 못하는 구나.' 하는 말씀이지요. 불성이란 누구에게나 있는 마음을 가리킵니다. 여기 있는 찻잔은 부처가 보아도 찻잔이요, 중생이 보아도 찻잔입니다. 이처럼 부처에게도 있고 중생에게도 있는 것이 마음입니다. 우리가 눈으로 보고 귀로 듣고 혀로 맛보지만 눈, 귀, 코는 하나의 수단일 뿐 이 모든 것을 마음이 느끼고 보고 듣고 하지 않습니까? 이 마음이 바로 불성인 것이라. 망심으로 가득 찬 마음을 진심으로 돌리는 것이 견성입니다. 견성이란 여기에 없는 것을 만들라는 것도 아니고 여기가 아닌 저기에 도달해야만 얻을 수 있는 것이 아니라 우리 안에 이미 구비되어 있어요. 불교를 믿는 사람이면 반드시 우리가 원래 부처라는 것을 믿어야 해요. 불교의 믿음은 이것이

전부입니다."

천상천하 유아독존天上天下 唯我獨尊을 글자 그대로 풀이하면 '하늘과 땅 사이에서 오직 나만이 홀로 존귀하다'는 뜻이다. 유아독존唯我獨尊의 아我는 부처님 자신만을 일컫는 말이 아니라 모든 사람을 뜻한다. '천상천하 유아독존'의 깊은 뜻은 '세상에서 가장 존귀한 것이 뭇 생명이며 그 생명체들은 각기 보배로운 불성을 지니고 있는 존귀한 존재'라는 뜻이란다.

인환 스님께서는 살활자재殺活自在한 솜씨로 거침없이 수행자들의 안목을 열어 준 마조 선사의 법을 이은 남전 선사의 이야기를 들려주었다.

남전 선사의 선원은 동당과 서당으로 나뉘어져 있고 수백 명의 수행승들이 머물렀다. 어느 날 수행승들이 서로 다투는 소리가 들려 남전 선사가 나가보았더니, 고양이 한 마리를 놓고 동당과 서당의 스님들이 다투고 있었다. 남전 선사는 서로 소유권을 놓고 다투고 있는 수행승 사이로 뚫고 들어가 고양이 목을 거머쥐고 소리쳤다.

"그대들 가운데 누구라도 불법佛法에 맞는 말을 하면 고양이를 살려줄 것이지만 만일 말을 못한다면 고양이 목을 베어버릴 것이다. 자, 한마디로 일러라!"

많은 수행승들은 아무 말도 못하고 있었다. 남전 선사는 말한 대로 고양이 목을 베고 말았다. 그날 밤에 남전 선사의 상수제자인 조주 스님이 외출했다가 돌아왔다. 남전 선사는 조주 스님에게 낮에 있었던 일을 들려주고 나서 물었다.

"만일 그대가 거기에 있었다면 무엇이라 대답하겠느냐?"

조주 스님은 아무 말 없이 신고 있던 신발을 벗어 자신의 머리 위에 얹고는 그 자리에서 물러났다. 그런 조주 스님의 모습을 본 남전 선사는 이렇게 말했다.

"그대가 그 자리에 있어 주었더라면 그 고양이를 살릴 수 있었을 것인데…"

이것이 유명한 공안 중 하나인 '남전참묘南泉斬猫'이다. '남전참묘'의 핵심이 어디에 있는지 여쭈었다.

"이 공안의 핵심은 살생이 아닙니다. 남전 선사가 베어버린 것은 고양이이긴 하지만 진짜 베려고 한 대상은 우리들 자신의 망상분별입니다. 나와 내 것에 집착하는 자아自我의 근본 뿌리를 아주 끊어버리는데 두고 있습니다. 우리는 모두가 이러한 고양이 소동과 같은 일로 항상 나와 남이 서로 대립하여 몸과 마음을 깎아내고 흔들어가면서 소유욕에 사로잡혀 일생을 보내고 있어요. 여기서 고양이는 사람들이 지니고 있는 모든 대립과 집착을 상징하는 것이며, 남전 선사는 망상분별을 끊듯이 한 칼에 고양이를 베어버렸어요. 시시각각으로 자아를 죽이고 또 죽여서 모든 차별하는 망상을 끊어야 한다는 가르침입니다."

"조주 스님이 신발을 머리 위에 얹은 것은 어떤 의미입니까?"

"조주 스님이 신을 머리 위에 얹은 것은 재산도 신체도 생명도 내 것이 아니라 모두 다 여럿의 것을 임시로 맡은 것임을 표현한 것이라 할 수 있어요. 고양이를 벤 일을 보다 높은 차원으로 살린 것입니다. 조주 스님이 자유롭게 신을 머리에 이고 나감으로서 남전 스님이 죽인 고양이는 영원한 생명을 얻어 되살아난 것입니다. 남전 선사는 가르침을 위해 살인도殺人刀를 썼고, 조주 스님은 활인검活人劍을 썼다고 할 수 있지요."

어려운 두 가지 공안을 한 자리에서 들을 수 있어서 참으로 좋았다. '남전참묘南泉斬猫'에 대해 품고 있던 의문이 풀렸다.

"부처라고 하는 것은 지금 눈앞에 살아서 생생하게 움직이고 숨쉬며, 묻고 있는 생명 그 자체를 말합니다. 불교는 우리들에게 생생하게 살아 움직이며 사는 법을 가르치고 있어요. 자신의 능력과 생명을 온전히 쓸 수 있도록 쉬지 않고 노력해야 합니다. 선문에는 날이 거듭하여 달로 쌓여간다는 뜻의 일루월적日累月積이라는 말이 있어요. 아무리 작은 것이라도 좋으니 일단 옳다고 생각하여 뜻을 세웠다면 그것을 이루기 위해 끊임없이 정진해야 합니다."

인환 스님의 삶의 궤적이야말로 '일루월적'이 아닌가 싶다. 홀홀단신 월남하여 부산 선암사에서 출가한 스님은 동국대 불교학과를 졸업, 그리고 대학원을 거쳐 일본으로 유학을 갔다. 경제적으로 어렵게 유학생활을 했지만 숭산 스님과 힘을 모아 일본에 '홍법원'을 창립했으며, 국내 최초로 스님 자격으로 동경대학교에서 문학박사 학위를 받았다. 인환 스님의 재주를 눈여겨보셨던 지관 스님은 1982년 그를 동국대 불교학과 교수로 불러들였다. 인환 스님은 정년퇴임 때까지 십오년 동안 후학들에게 가르침을 전했다. 어떤 고난과 시련도 능히 극복해가면서 급하지 않게 한 걸음씩 한 걸음씩 앞으로 나아간 것이다. 스님은 살아 온 세월을 내세우지 않으며, 공부의 끈이 긴 것을 믿지 않는다. 그냥 흐르는 물처럼 눈앞의 세월에 자신을 담굴 뿐이다.

스님은 우리의 육신이란 내일을 기약할 수 없는 것이기에 지금 해야 할 일은 지금 해두어야 한다면서, 날마다 열심히 살고 있는지를 물으셨다. 대답을 선뜻 못하고 머뭇거리자 "절실한 마음을 갖고 하루를 성실히 사는 것이야말로 도심^{都心}"이라 했다.

욕망은 우리를 지탱하는 에너지인데 욕망 없이 어떻게 살아갈 수 있느냐고 여쭈었다.

"사람들은 욕망과 원력을 혼동하고 있습니다. 깨닫겠다는 원력은 바람직한 욕망입니다. 그러면 올바른 원력과 욕심을 구분하는 기준은 무엇인가. 어떤 일을 함에 있어 나에게도 이익 되고 남에게도 이익 되는 일이라면 그것은 해야 할 일이지요. 자리이타自利利他가 되어야 하는데, 자리自利만 된다면 곤란하지 않을까요. 그렇다고 욕심이나 욕망이 나쁜 것은 아닙니다. 스스로가 욕망을 잘 통제해나가는 것이 중요하며, 지혜를 갖추고 있다면 문제될 것이 없어요."

절에서는 기간을 정해놓고 기도를 하는데 그 기간이 3일, 7일, 21일, 100일, 1000일로 나간다. 이 숫자는 공연히 생긴 것이 아니라 수행자가 일념으로 정진했을 때 도를 이루기까지의 걸린 시간을 뜻하기도 한다. 일념만 되면 3일 만에 도를 깨칠 수도 있고 7일 만에 깨칠 수도 있단다. 그런데 우리들은 도를 이루기가 어렵다고 생각하고 자신의 불성을 믿지 않는 것이다. 자기 안에 있는 것을 알지 못하고 자꾸 다른 곳에서 찾으려고 하는 그것이 바로 티끌이고 망상이란다. 내면세계를 들여다보면 문제점이 보이고 해결이 될 터인데 마음이 바깥으로 향해 있어 남 탓만 하는 풍조를 안타까워하신다.

"참선하는 사람은 화두를 챙기고 염불하는 사람은 염불을 하면 돼요. 하다말고 하면 안되고 오로지 바른 생각으로 들어가야 합니다. 잘 안되더라도 계속해서 일 년을 하고 삼 년을 해 봐요. 오로지 한 생각으로 돌아가려는 습성이 계속되면 어느 순간 우리 마음속에 일념만이 자리합니다. 일념으로 가득

찬 무념이 되도록 해야 합니다. 선풍기의 날개가 서너 개나 되지만 빨리 돌면 날개가 보이지 않는 것처럼 무념으로 가득 차면 번뇌망상이 붙을 수가 없지요. 한 생각으로 돌아가려는 습성이 계속되면 어느 순간 우리 마음속에 일념만이 자리합니다. 그때가 되면 내가 화두이고 화두가 바로 나인 것입니다. 절을 할 때도 일념으로 하게 되면 자신도 모르는 새에 금생의 업장은 물론이고 과거에서부터 쌓여 온 업장이 소리 없이 녹아내리고 맙니다. 같은 절을 해도 그 근본을 알고 하면 업장을 녹아내리는 절이 되지만 모르고 하는 절, 소원만 비는 절은 자신의 욕심만 부추기는 것이 되요. 이것이 종이 한 장 차이인 것 같지만 결과적으로 극락과 지옥의 차이를 가져다 줄 수도 있는 것입니다."

오랫동안 동국대학교에 몸담고 있었던 인환스님은 79세라는 세수에도 불구하고 법문을 청하는 자리라면 전국 어디든 마다 않고 찾아간다. 스님은 그 흔하다는 휴대폰이나 자가용 한 번 가져본 적이 없다. 인환 스님께서 항상 환희심으로 사시는 그 연유가 여기에 있지 않나 싶다. 어디를 가시든 항상 대중교통을 이용하기에 '지하철 도사'라는 별칭으로 널리 알려져 있다.

스님은 수행자의 분수에 맞게 사는 것이 그렇게 행복할 수가 없으며, 어떤 특별한 이유가 있어서가 아니라 그저 날마다 사는 것이 즐겁기만 하단다. 스님의 환한 미소도 여기서 연유하는 것이리라. 내 안에 계신 부처님이 드러나도록 열심히 노력해야 함을 일러주었다. 수행자로서 한 치도 어긋남이 없이 평생을 살아오셨기에 맑고도 청정한 기운이 느껴진다. '환희당'이라는 스님의 당호를 마음속으로 되뇌기만 해도 미소가 절로 번진다.

새우는 남모르게 껍질을 벗은 뒤에야 왕새우로 성장한다.

지묵 스님

1948년 전남 장흥에서 출생. 1976년 조계산 송광사에서 법흥 화상을 은사로 출가. 송광사 총무, 길상사 선원장, 법련사 한주, 장흥 보림사 주지를 지냈으며, 불교방송 신행상담 프로그램을 진행했다. 지금은 보림사 산내 불일암에 주석하고 있다.

저서로 〈죽비 깎는 아침〉 〈날마다 좋은 날〉 〈비온 뒤에 무성한 조롱박 넝쿨〉 〈산승일기〉 〈노스님의 젊음〉 등 여러 권의 수필집과 〈초발심자경문강설〉 〈육조단경 강설〉 〈신심명〉 등의 강의본이 있다.

자기를 찾아 숨어 지내는
시간을 가져라

　장흥 읍내로 들어서자 펼쳐지는 풍광이 다르다. 직선이 아니라 곡선으로 이어지는 찻길, 그리 높지 않고 야트막한 산 능선, 각지지 않고 구불구불한 논두렁은 눈을 평온하게 해준다. 야트막한 산이 품어 안고 기르는 것 또한 사납지 않고 연약하고 보드라울 것 같다. 직선을 따라 숨 가쁘게 달려왔는데, 구불구불한 곡선은 급할 것 없다면서 '느림'을 일러준다.
　보림사는 구산선문九山禪門 중 가지산문을 연 중심사찰이다. 도의 선사의 법손인 보조체징(804~880) 스님이 창건하였고 그때 조성한 철조 비로자나불이 대적광전에 모셔져 있다. 일주문과 사천왕문 그리고 대적광전이 일렬로 나란히 늘어서 있는 가람 배치가 낯설다. 가지산을 병풍처럼 두르고 있지만 대적광전, 대웅전, 미타전, 명부전, 종각 등 당우들이 툭 트여진 하나의 넓은 공간에 들어서 있다. 선종이 들어오면서 가람은 조용한 수행처를 찾아 산으로 올라가게 되었지만, 그 전에는 이렇게 평지에 가람을 조성했다. 도량 곳곳에 단풍나무, 회나무, 느티나무, 후박나무 등 아름드리 큰 나무들이 우뚝하니 서 있어 자칫 허전해 보일 수 있는 넓은 공간을 푸근하고도 살가운 곳으로 만들어준다.

지묵 스님은 푸른빛 연꽃이 그려진 하얀 다기에 찻물을 부으면서 '야생 녹차라 맛이 다를 것'이라 했다.

"녹차나무는 사람보다 예민하기 때문에 스트레스를 받지 않도록 조심스럽게 다루어야 차맛을 잃지 않아요. 보림사는 차나무의 성정을 거슬리지 않고 야생으로 키우고 싶어 풀도 베지 않고 그대로 두는 등 최소한의 손질만 합니다."

'차나무 본위로 거두고 싶다'는 이 한마디에 스님의 살림살이와 수행의 깊이를 다 알아버린 듯하다. 선禪에서는 지관타좌只管打坐라고 하여 '다만 청정본연의 부처 모습을 그대로 지켜 앉아있을 뿐'이라 한다. 의도하여 고의로 본래 부처를 젖혀두고 다른 부처가 되려고 하는 것을 경계한 말이다. 지묵 스님 또한 '있는 그 자리에서 찾고 지니고 있는 그 자체로 가꾸어 나갈 것' 같다.

지묵 스님은 죽비 깎는 아침을 비롯하여 산승일기·날마다 좋은 날·초발심자경문 강설·육조단경 강설 등 스무 권도 훨씬 넘는 책을 세상에 내놓았다. 출가자가 쓴 에세이집이 드물 때 법정 스님과 더불어 수행자의 삶과 절집의 소소한 이야기들을 맛깔스럽게 대중들에게 들려주었다. 요즈음은 어떤 글을 쓰시는지 궁금하여 여쭈었더니 아직 건강이 완전히 회복되지 않아 글 쓰는 것은 잠시 뒤로 미루어두었다는 뜻밖의 말씀을 하신다.

"법정 스님께서 열반하시던 그 무렵에 밥을 받아먹을 만큼, 휠체어를 타고 다녀야 할 만큼 많이 아팠어요. 법정 스님 장례식도 못가고 49재 때 송광사에만 겨우 갔어요."

그때는 몸을 추스르지도 못할 만큼 아팠기에 설핏 법정 스님이 '나를 데려 가실라나.' 그런 생각까지도 했더란다. 불교대학 강의실에 모셔진 아담한 불상을 가리키면서 "법정 스님이 보시하신 것인데, 퇴원하면 불상을 보러 오시겠다고 통화했는데 그것이 마지막이 되어버렸다."고 아쉬움을 토로했다. 평생 동안 실질적인 법의 스승이자, 정신적인 스승이요 의지처였던 법정 스님의 열반은 아직도 애절하기만 하다.

이야기는 송광사에서 보낸 행자시절로 거슬러 올라갔다. 사미계를 받기 전에 산중 어른스님들께 인사를 하러 다녔는데, 불일암에 올라가 법정 스님께도 예를 올렸다. 법정 스님은 시묵 스님의 법명을 두고 "평생 종이와 먹이 따라다니겠구먼." 그랬다. 그 말씀에 "지묵필연紙墨筆硯 그런 뜻이 아닙니다." 하고 말씀드렸더니, "두고 보게. 평생 글 쓰고 그림도 그릴 것이네." 하고 아주 장담을 하셨다.

지묵 스님은 출가하기 전인 고등학교 때, 학원이라는 잡지를 통해서 황순원 소설가의 심사로 소설부에 수상을 한 이력이 있다.

75년에 불일암이 단장되었고, 그때 돌층계와 돌담을 지묵 스님이 직접 쌓았다. 그 다음 해에 법정 스님으로부터 가르침을 받고 싶어 불일암의 공양주를 자청했다. 일 년 동안 저녁이면 가사장삼을 수하고 대혜 스님의 서장을 배웠다. 법정 스님을 독선생으로 모시고 서장을 공부한 이 일은 가장 아름답고도 귀한 추억으로 남아있다.

법정 스님은 "내가 지묵 수좌를 따라가지 못하는 것이 세 가지 있어. 수제비 끓이는 것하고, 돌담 쌓는 것 하고, 각체하는 것이야." 하며 추켜세워 주시곤 했다. 그만큼 지묵 스님의 손끝이 맵고 야무져 무엇을 해도 당신 마음에 꼭 든다는 말씀이기도 하다. 불일암의 돌담과 돌층계를 쌓은 지 스무 해가 넘었고 태풍이 지나간 횟수가 셀 수도 없건만 아직도 무탈한 것을 두고 법정 스님은 농처럼 '특수공법'으로 쌓아서 그렇다고 했다. 지묵 스님은 돌을 보면 인체를 보는 것처럼 눈과 머리, 몸통이 보인다고 하니 그 안목 자체가 특수공법이 아닌가 싶다.

"미국 LA에 있는 송광사 분원인 고려사로 포교를 위하여 떠나게 되었다고 인사를 드렸어요. 그러자 법정 스님께서 다

락에 올라가시더니 신채호 선생의 한국사 상하권을 가져와서는 이것을 꼭 읽어보아야 한다면서 건네주시데요."

행여나 미국에 가서 한국을 잊어버리고 한국 역사를 잊어버릴 것을 우려하시어 당신의 손때 묻은 한국사를 건네주던 그 모습도 잊지 못할 일이란다. 법정 스님은 당신이 연재하고 있던 지면에 지묵 스님의 글을 싣도록 했고, 그렇게 하여 지묵 스님을 글쟁이로 데뷔시켜 주었다. 몇 날 며칠을 두고 이야기하여도 법정 스님에 대한 아름다운 일화와 추억은 쉬이 바닥이 날 것 같지 않다. 글 이야기가 나온 김에 '글을 잘 쓸 수 있는 비결을 가르쳐 달라.'고 졸랐다. 초등학교 때 그림일기를 시작으로 하여 지금까지도 계속해서 일기를 쓰고 있는데 그것이 비결이라면 비결이란다.

"혜초 스님의 왕오천축국전을 읽고 나서 여행 중에도 휴대용 벼루를 지니고 다니면서 하루도 빠짐없이 기록을 합니다. 그때그때마다 생각이 떠오르면 수첩에 메모를 해두었다가 저녁엔 이걸 참고로 휴대용 벼루에 먹을 갈아 일기를 써요."

스님은 무엇을 한 번 시작하면 중도에 쉽게 포기하지 못하고 끝까지 하게 되는데 융통성이 없어서 그런 것이라며 웃었다. 프랑스 작가인 스탕달이 적과 흑을 쓸 때 '법전'을 옆에 두고 썼듯이, 지묵 스님 또한 수행자의 글에서 감성이 짙게 묻어나올 것을 염려하여 글을 쓸 때는 꼭 육법전서를 펴놓고 쓴다. 글 쓰는 것이 곧 수행임을 느낄 수 있는 대목이다.

지묵 스님은 6년 남짓 인도, 프랑스, 일본, 중국 등지로 수행을 위한 만행을 하였다. 이렇게 만행을 할 수 있었던 것도 법정 스님의 격려와 물질적인 후원이 있었기에 가능한 일이었단다. 만행을 하면서 보고 듣고 수행했던 그 기록은 나마스테·봉주르 길상입니다·달마와 혜능 등 여러 권의 책으로 남아 있다. 1년 동안 부처님의 발자취를 따라 인도여행을 하였고, 법정 스님의 요청으로 프랑스 길상사에서 소임을 보기도 했다. 일본의 조동종 사찰인 덕림선사德林禪寺 초청으로 1년 동안 그곳에서 매섭게 정진하기도 했다. 만행길에서 보고 듣는 것은 다 공부가 되고 수행이 될 터이지만, 1년 동안 중국의 선종 사찰을 순례한 것은 더욱 값진 공부였다. 1년 동안의 선종사찰순례를 위하여 중국의 옌타이烟台대학에서 어학연수를 하는 등 준비도 단단히 했다.

"중국은 문화혁명으로 역사가 단절되고 종교가 잠들어 있어서 현장답사에서 무엇을 얻는다기보다는 내 마음속에 있는 선사들에 대한 존경심을 스스로 일깨우는 그런 과정이었다."고 회고했다.

특히 대혜 스님을 흠모하기에 그의 발자취를 따라 찾아다녔다. 아육왕사를 갔을 때는 지묵 스님의 허름한 차림새와 잡다한 참고자료를 담아 30킬로그램은 족히 되는 바랑을 보고 떠돌이승이라 생각하여 홀대를 하더란다. 그런 것과는 상관없이 화두선의 종장인 대혜 스님의 법향이 스며있는 곳이라 방장 스님과 이야기를 나누고 싶었다. 멀리서 온 이방인이 서장에 대해 깊고도 세세하게 알고 있는 것에 대해 깜짝 놀란 아육왕사의 방장 스님은 가장 좋은 객사를 내어주더란다. 선풍기가 있는 방에서 당장 에어컨이 있는 방으로 옮겨주는가 하면 옛 풍습 그대로 목욕할 뜨거운 물을 물지게로 져 날라주는 등 극진한 대접을 받았다. 스님은 이 또한 대혜 스님의 음덕이라 여긴다.

중국의 선종사찰에는 여전히 선농禪農사상이 남아있어 스님들이 인분을 밭에 뿌리는 험한 일부터 해서 농사일을 다해내더란다. 그리고 페인트를 칠하고 돌담을 쌓는 등 사찰을 직접 장엄하는 것을 보고 크게 감동을 받았다. 지묵 스님 또한 평택의 아란야선원 선원장일 때 '선농일치'를 실천하며 대중들과 더불어 농사지으면서 수행정진 했다.

일본의 선수행이 궁금하여 여쭈었더니 '일본 스님들이라 하여 전부 다 대처帶妻를 하는 것이 아니라, 선승들은 독신생활을 한다.'고 했다. 깨달음의 인가를 줄 때는 평생 독신으로 지내겠다는 사람에게만 인가증을 준다고 하니 일본의 선수행이 무너진 것은 결코 아니더란다. 이처럼 만행이란 사시斜視로 굳어진 안목을 바르게 펴주는 그런 공부이기도 하다. 일본의 덕림선사 국제선원에는 공양주가 따로 없고 결재한 스님들이 돌아가면서 공양을 준비하는데, 그것 또한 크게 배울 점이라 했다.

지묵 스님은 보림사 주지소임을 맡은 뒤로 여러 가지 일을 새롭게 도모하고 있다. 이곳에 머문 햇수가 3년이 넘었건만 한 번도 빠지지 않고 일요법회를 열고 있으며, 장흥불교대학 1기생 37명을 배출했고 지금은 장흥불교대학 2기생들이 그 뒤를 이어가고 있다. 일요법회와 불교대학을 열겠다고 했을 때 주위 사람들은 도심이 아닌 이곳 시골에서는 힘들 것이라면서 다들 말렸다. 지묵 스님은 어디에서건 대중들과 법의 향기를 나누어야 한다는 신념을 가지고 있기에 일요법회를 시작했고, 법회 때마다 회보를 만드는 등 심혈을 기울인다. 불교대학에 쓸 교재도 스님이 직접 만든다. 부처님 일대기를 공부할 때는 부채에 '팔상록'을 그리고, 선사상을 공부할 때는 열 개의 부채에 '심우도'를 직접 그려서 시청각교육이 되게 한다. 지묵 스님은 지금도 다양한 그림교재를 만들어가고 있다.

지묵 스님께 삶의 지혜를 여쭈었더니, 다음과 같은 이야기를 들려주었다.

어떤 스님이 길을 잃고 헤매다가 산중에서 칩거하고 있는 대매법상 스님을 만나 물었다.

"스님, 산을 내려가려면 어디로 가야 합니까?"

대매법상 스님 왈, "수류거隨流去!"라, 즉 '흐름을 따라가시오.' 하고 답했다.

"산을 타본 경험이 있는 사람은 길을 잃었을 때 골짜기의 물 흐름을 따라가다 보면 아랫마을이 나온다는 것을 알고 있어요. 우리 눈앞에 전개되는 현상은 변화무쌍하여 폭포수 같은 순행順行도 있고 웅덩이 같은 역행逆行도 있기 마련입니다. 순행이 오면 오는 대로 역행이 오면 오는 대로 거스르지 말고 그 흐름을 타는 것입니다. 잘 나간다고 오만하지 말고 잘못 나가더라도 위축되지 말고 여여하게 사세요."

지묵 스님은 왕새우가 그려진 부채를 건네시면서 "새우는 남몰래 숨어서 껍질을 벗고 왕새우로 성장해요. 불자들도 하루 중 시간을 내어 좌선, 염불, 금강경 사경, 보문품 독송, 108배 절하기, 다라니 진언 등 자기에게 맞는 수행을 해야 합니다."라고 했다. "하루 중에도 자신의 길을 찾아 숨어 지내는 시간이 필요하다."는 그 말씀이 시처럼 아름답게 들린다.

스스로에게 물어 내 위치를 자각하고 깨닫는 것이 불교공부다.

지안 스님

통도사에서 벽안 스님을 은사로 출가. 통도사 강원 강주, 조계종 종립승가대학원장을 역임했다. 현재 조계종 고시위원장, 반야불교문화원장과 반야암 주지를 맡고 있다. 저서로 〈기신론 강의〉〈신심명 강의〉〈조계종 표준 금강경 바로읽기〉 초발심자경문 〈처음처럼〉 선가귀감 〈마음속 부처 찾기〉〈왕오천축국전〉〈학의 다리는 길고 오리 다리는 짧다〉 등이 있다.

종교의 역할은
자기 자리를 지키게 하는 것

　통도사로 걸어가는 청년의 발걸음에는 비장함은 아니더라도 슬픔과 청춘의 번뇌와 생의 고민이 담겨있었다. 안으로 끌어안고 있기에는 너무나 고통스러워 어딘가에 내려놓고 싶었다. 영축산과 마주하고서 울창한 송림 사이를 터벅터벅 걸었다. 푸름을 잃지 않은 겨울 영축산이 마음을 차고 들어오는 듯했다. 그때 괴테가 '산봉우리 위에 모든 휴식이 있다.'고 한 말이 떠올랐다. 일주문을 지나 호기심에 여기저기를 기웃거리다가 스님 한 분과 마주쳤다. 승복을 입은 스님의 모습이 너무나 거룩해 보여, "여기서 며칠 쉬고 싶다."고 말을 해야 하는데, "어떻게 하면 스님이 될 수 있느냐?"고 물었다. 그랬더니 스님은 더 이상 묻지도 않고 행자실로 안내했다. 그저 호기심에 행자실에서 하룻밤 자 보는 것도 괜찮다고 생각했다.
　새벽이 되자 행자들은 줄 지어 대웅전으로 향했다. 청년도 줄 끝에 서서 법당으로 들어갔다. 행자들과 줄 맞추어 앞줄에 앉았다. 선방스님들과 학인스님들을 비롯하여 백여 명의 수행자가 토해내는 예불은 장엄하였다. 청년은 '지심귀명례'를 하는데 자신도 알 수 없는 눈물이 걷잡을 수 없이 흘러내렸다. 자신이 통제할 수 있는 그런 종류의 눈물이 아니었다. 온몸으로 눈물을 쏟아내었고, 기억도 할 수 없는 먼 전생의 눈물까지 다 흘린 느낌이었다. 속이 후련했다.

예불이 끝나자마자 스님께 출가하겠다고 자신의 뜻을 알렸다. 다음날 여러 권의 책과 노트와 옷가지가 들어있는 가방을 태워버렸다. '번뇌초'라는 머리도 깎았다. 통도사 행자실에서 첫 밤을 보내면서도 출가를 하리라고는 그리고 회색 승복을 입게 될 줄은 생각도 하지 못했다. 지난날의 공덕이 없고서야 그렇게 단박에 출가하기가 힘들 터이다. 청년의 로드맵에 이미 예정되어 있었던 일인지도 모른다. 청년은 이렇게 하여 요산樂山 지안 스님으로 새로이 태어났다.

지안 스님이 머물고 있는 통도사 반야암으로 가는 길은 한적했다. 아직 삼월이 오려면 한참을 기다려야 하는 데 계곡의 얼음은 녹아서 봄물처럼 흐르고 나무들도 물이 올라있다. 통도사 바람은 유난히 훈훈한 것일까? 자연석으로 깎은 돌계단이 이어지는 저 끝에 염화실이 있다. 노송들이 염화실 주변을 외호하고 있다, 소박한 석등이 계단의 입구를 안내하고 있다.

사진으로만 일면一面했던 지안 스님의 환한 미소를 마주했다. 보는 이의 마음에 환희심을 주는 지안 스님의 미소를 두고 나는 '백만 불짜리' 미소라고 이름 지었다.

조계종 종립 승가대학원장을 지냈고, 지금은 조계종 고시위원장 소임을 맡고 있는 스님은 수행자로서 일생을 교학공부에 바쳤다고 해도 과언이 아니다. 지안 스님은 강원을 졸업할 때 중강(요즈음의 강사) 자리가 비어서 몇 년 동안 중강을 하다가 강주가 되었다. 강원이 요즘엔 승가대학으로 명칭이 바뀌었으니 강주는 학장인 셈이다.

"공부가 뛰어나서 중강을 한 것이 아니라 어찌하다 보니 자격미달인데도 하게 되었어요. 강원에서는 경전을 한문 원전으로 보더라고요. 어릴 때 천자문과 소학 공부한 덕을 좀 보았지요."

출가한 지 7년 만에 강주를 하였으니, 굉장히 빠르다. 스님은 어릴 때부터 책 읽는 것을 좋아했고, 지금도 책 읽는 것이 유일한 낙이다.

"저는 책을 읽고 있으면 시간 가는 줄도 모르고 빠져들어요. 중고등학생 때는 도서관에서 하루 종일 살았어요. 그때 문학, 철학, 사상서 등을 다 읽었던 것 같아요."

지안 스님의 글에는 동양사상은 물론이고 서양 철학자도 자주 등장하여 독자들에게 지적(知的)인 만족감을 준다. 스님의 글을 읽으면서 참으로 박식하다는 생각을 했었는데, 이제야 그 의문이 풀렸다. 불교사상이 최고봉이지만 계속해서 불교라는 틀 안에서만 이야기하고 논한다면 시대의 흐름을 따라잡을 수 없단다. 시대는 이미 인문학적인 소양을 바탕으로 한 사상과 종교를 원하고 있음을 스님은 이미 오래 전부터 읽어낸 것이다. 불교사상과 가장 가까운 서양 철학자는 누구인지 궁금했다.

"쇼펜하우어는 불교에 대해 조예도 있었고, 불교에 대해 많이 알고 있는 철학자입니다. 쇼펜하우어는 '아이큐가 높은 사람이 천재가 아니고, 발상이 뛰어난 사람도 천재가 아니다. 인격이 완성된 사람 즉 도덕적으로 갖추어진 사람이 천재' 라면서 '도덕적 천재' 라는 말을 썼어요. '항상 마음이 착하고 진실해서 어디 가나 인간의 도덕적인 것을 어기지 않고 남에게 밝고 편안함을 주는 사람이 되어야 한다.' 는 그런 이야기를 전개해 놓은 것을 보면 쇼펜하우어는 아주 불교적입니다. 칸트도 불교에 상당한 조예를 가지고 있었어요. 특별히 애쓰지 않아도 예전에 읽었던 사상서들이 머릿속에 남아있어 자연스럽게 부처님 말씀과 철학자들의 사상이 연계되는 것 같아요."

종단의 중책을 맡고 있어 눈코 뜰 사이 없이 바쁠 터인데 어떻게 시간을 쓰는지 궁금했다. 이런 질문에 스님은 바쁜 가운데 여유를 가지는 것이 산중생활이라 했다.

"스님이 되고 나서 생활원칙을 정했어요. 밥 먹고 잠자는 시간을 제외하고 '하루의 3분의 1은 밤에 책 읽고, 3분의 1은 명상을 하고, 3분의 1은 여행을 하자'고. 4시간 반 정도 자면 잠은 충만해요. 하늘은 자시, 땅은 축시, 인간은 인시에 깬다고 하지요. 축시인 2~3시에 일어나 책을 읽곤 합니다."

지안 스님은 한때 금강경을 매일 독송하면서 신심을 다졌다. 한말의 용악 스님처럼 금강경을 십만 번 독송해 보리라 마음먹은 적도 있었다. 금강경을 한참 읽을 때는 오전 나절 내내 독송했단다.

"금강경을 읽으면 내 의식 속에 곧잘 끼어들던 어떤 무상감이 저절로 해소되는 느낌을 받곤 했어요. 그리고 자아관념의 속박에서 해방되는 것 같았어요. 금강경을 통해서 무상을 뛰어넘고 영원을 기약할 수 있는 그 무엇이 있으리라는 것을 확신하게 되었어요. 한때는 전문을 다 외워서 암송할 정도로 이 경을 좋아했어요."

지금도 금강경 일독하는 데 30분이면 된단다. 정확히는 아니지만 이제까지 금강경을 독송한 횟수가 3만 번은 될 것이라 한다. 조계종 표준 금강경 바로읽기를 편찬한 인연이 예사롭지 않다고 생각했는데, 평생을 통한 금강경 독송이 바탕이 되었음을 알았다. 스스로를 단속하고 몸가짐을 육중하게 하는 스님의 수행에 고개가 숙여진다. 도道라는 것은 가부좌에서도 이루어지는 것이고 경상에서도 이루어지는 것임을 간과해서는 안될 것 같다.

삭풍이 부는 반야암의 겨울밤엔 지안 스님이 번역한 이 시가 제격인 것 같다.

一穗寒燈讀佛經 일수한등독불경
不知夜雪滿空庭 부지야설만공정
深山衆木都無籟 심산중목도무뢰
時有簷氷墮石牀 시유첨빙타석상

한 촉 차가운 등불에 불경을 읽다가
밤 눈이 빈 뜰에 가득 내린 줄도 몰랐네.
깊은 산 나무들은 아무런 기척 없고
처마 끝 고드름만 섬돌에 떨어지네.

이 시를 읽으면 깊은 밤 절간 방에서 간경삼매에 빠져 시간이 어떻게 흘러가는지를 잊은 한 스님이 떠오른다. 잠을 아껴가며 시간을 아껴가며 간경을 하다, 고드름이 섬돌에 떨어지는 소리에 화들짝 놀라 그제야 시간이 꽤 흘렀음을 알게 되는 스님의 모습이 그려진다. 깊은 산중에 사는 사람은 이런 맛과 멋을 즐길 줄 아는 사람들이다. 지금 나는 반야암의 겨울 풍경을 탐내고 있다. 밖에서는 새들이 깃 치는 소리가 요란하다.

지안 스님은 '응무소주 이생기심'應無所住而生其心이란 이 구절이 금강경의 핵심이라 했다. '머무는 바 없이 그 마음을 내라'는 것은 '새가 날아간 자취가 없듯이, 바람이 그물에 걸리지 않듯이 그렇게 살라.'는 의미란다. 이것이 실상생명이고 본래 가치이다.

"범부중생은 착着이 있어 어디든지 걸리는 마음을 쓰는 데, 생각에 걸려버리면 갈등이 생겨요. 일체의 걸림이 없는 사람이라야 외길로 곧장 갈 수 있으며 생사를 벗어날 수 있어요. 아무데도 걸리지 않는 그 마음을 써라."

걸리지 않는 마음을 쓰기 위해서는 아상我相(나라는 생각), 인상人相(너라는 생각), 중생상衆生相(중생이라는 생각), 수자상壽者相(영혼이 있다는 생각)을 버려야 하는 것이다.

불교의 궁극적인 목표는 견성성불이다. 이참에 경전을 통해서도 깨달음을 얻을 수 있는지 여쭈었다.

"간화선에서 주장하는 깨달음은 화두를 타파해서 견성하는 것을 의미합니다. 경을 많이 독송하다보면 경안經眼이 열린다고 합니다. 경전에 새겨진 부처님의 가르침이 툭툭 가슴에 와 닿는다는 말이지요. 경전을 통해서도 깨달음을 얻을 수 있는데, 간화에서 말하는 것과는 조금 다르지요. 마음이 맑아지는 것도 깨달음입니다. 기신론에서는 4가지의 깨달음이 있다고 합니다. 초기경전에 보면 다섯 비구가 부처님의 법문을 듣고 '아라한이 되었다'고 합니다. 말하자면 사성제인 고집멸도를 듣고 다섯 비구가 깨달았다는 것입니다."

언어와 문자는 전달하는 그 방식이 다를 뿐, 의사표현의 한 방법이다. 경전을 읽고 깨달은 거나 법문을 듣고 깨달은 거나 똑같지 않은가?

"옛 어른들은 가만히 앉아서 깨닫겠다고 하면 '절구통이 먼저 깨닫겠다.'고 했고 또 '팔만대장경을 읽고 깨닫는다는 것은 얼음을 깨고 불을 구하는 것과 같다.'는 말을 했어요. 어느 한 가지를 두고 그것만이 수승하다고 말하는 것은 문제가 있지요. 깨달음은 어디에서든 계기가 올 수 있어요. 염불을 하다가, 주력을 하다가, 참선을 하다가, 경을 읽다가 깨달을 수 있어요. 일반사회 사람들은 자기 일을 하다가 깨칠 수 있지요. 발레를 하다가 깨칠 수도 있고. 경전에 나오는 주리반특은 청소를 하다가 깨달았잖아요. 깨달음을 얻겠다는 마음이 그대로 유지되면 언제든지 어떤 깨달음의 계기가 오게 됩니다."

깨달음의 길에는 높고 낮음이 없건만 누가 그렇게 줄을 세웠을까? 깨달음의 문턱을 낮추어 준 스님이 고맙기만 하다.

지안 스님은 은사이신 벽안 스님과의 인연을 지중하게 생각한다. 벽안 스님을 멀리서 뵙기만 해도 존경심이 절로 우러났을 정도로 사모하는 마음이 컸기에 상좌로 받아주시기를 간청했다. 벽안 스님을 만난 것은 출가의 기쁨과 행복을 배가시켜 주었다. 은사 스님은 "금생은 없는 셈치고 살면 중노릇을 잘하게 된다."는 말씀을 해주었다. 이 한 말씀은 일생의 버팀목이 되었을 만큼 처음엔 충격적이었단다. 수행자로서 힘들고 지칠 때면 은사 스님의 이 말씀을 떠올리면 큰 힘이 생긴다. 벽안 스님은 공금에 대해서 청정하기로, 또 하심下心 잘하기로 소문이 나 있다.

"학인들 공부를 자상하게 일일이 다 살펴보고 지도해 주었는데, 한문을 가르칠 때도 뜻만 새기는 것이 아니라 영어문법 가르치듯이 그렇게 가르쳤어요. 신도들이 봉투를 주면 '나에게 주지 말고 법당에 가면 시주함이 있으니 그곳에 넣으시오.' 하고 말할 정도로 청정했으며, 공금에 대해서는 일원짜리 하나도 거저 쓰는 법이 없었어요. 특히 저는 벽안 스님께서 은사이신 경봉 스님 모시는 것을 통해 예법이 무엇인지 알았어요. 은사 경봉 스님과는 아홉 살 차이였는데 은사 스님이 입적하기 전까지 10년 간 매일 아침저녁으로 4km가 넘는 극락암까지 오르내리며 문안 인사를 올렸어요."

은사에 대해서만 예를 표한 것이 아니라, 세수 30세 정도 된 상좌가 통도사 강주를 맡아 법문을 할 때 벽안 스님은 다른 대중과 똑같이 삼배를 하고, 법문이 끝날 때까지 흐트러짐 없이 앉아 있었다는 일화로 유명하다. '예의범절'이라는 말이 실종된 지 오래인데 뜻하지 않게 반야암에서 마주하게 되었다. 현대인들의 마음이 점점 황폐해지는 것은 사람과 사람 사이, 부모와 자식 사이, 스승과 제자 사이에 지켜야 할 예의범절이 사라져가기 때문이 아닐까 생각해 본다.

지안 스님은 지난 2001년부터 10년간 조계종 종립대학원장 소임을 맡아 후학들을 지도했다. 일찍부터 불조佛祖의 뜻을 이어받아 불제자를 길러내고 있으니 세세생생 가르치는 업을 타고났음이 틀림없다. 무비 스님, 혜남 스님에 이어 제3대 대학원장으로 취임한 지안 스님은 2기부터 5기까지 졸업시키며 전통 강사 양성의 맥을 이어왔다. 조계종의 사범대학격인 종립대학원은 3년에 한 번씩 학인을 뽑아 3년 동안 한문경전과 후학들을 지도하는 법을 가르치는데, 지난 15년간 48명의 졸업생을 배출하여 지금 종단에서 활동하는 강주와 강사가 30여 명에 달한다. 조계종이 지난해부터 추진해온 승가교육 개편과 함께 종립대학원도 잠시 휴지기에 들어갔다. 승가대학의 교육으로 빠르게 변화하는 현대사회를 따라갈 수 있을지 궁금했다.

"윤리도덕적인 문제는 아우를 수 있지만, 현대사회에 맞게 어느 정도 개편 되어야 합니다. 수행은 내면적인 자기 문제이나, 종교도 대사회적인 지적인 교류를 필요로 하고 있으며, 소통이 되어야 합니다. 불교가 최고라는 일방적인 가르침은 곤란하지요. 불교는 고도의 철학적인 요소를 가지고 있는데, 이 위에 인문학적인 요소가 가미되어져야 합니다. 불교사상을 현대 학문의 패턴에 맞는 지적인 공간으로 변화시켜야 지식인들을 흡수할 수 있습니다."

2,600년 전 불조佛祖가 그 당시의 사회를 읽어내고 그 병폐를 진단하였듯이 현대사회와 현대인에게 맞는 대안을 제시할 수 있어야 한다. 대승불교의 정신은 의사가 환자를 진맥하듯 우리 현실을 직시하여 부처님의 가르침을 적용시킬 수 있어야 한다. 골동품적인 가치를 가지고 최고라고 우기면 누가 따르겠는가? 종교란 시대에 맞게 흘러야 한다.

35년간 강주로 종립대학원장으로 후학들을 가르치면서 어떤 에피소드가 있는지 궁금했다.

"부처님이 왕위를 버리고 출가를 했듯이 자신의 모든 것을 버리고 출가한 사람들이기에 동류의식을 느껴요. 스님이 스님을 이해하는 것은 일반 세속인들이 이해하는 것과는 달라요. '너도 중이고 나도 중이다.' 라는 동류의식에서 친화력이 생기고 여기에서 승가정신이 깨어납니다. 승가의 정신으로 살아가는 것 자체가 현대인들에게 던져주는 메시지이기에 그 울림이 크다고 생각합니다."

스님은 승가교육에만 힘쓴 것이 아니라 재가불자들의 경전 공부에도 성과 열을 쏟았다. 전국 유일의 불교학당인 '반야불교학당'은 20년이 넘는 역사를 가지고 있다. 지안 스님은 '불경을 공부하려는 사람이 있다면 마땅히 가르쳐야 하는 것을 본업'으로 생각하고 있기에 1988년 마산포교당에 있을 때 신도들에게 경전강의를 시작했다. 그러다 지안 스님이 통도사 강주로 발령이 나자, 신도들이 자발적으로 공부할 수 있는 공간을 마련하여 경전공부를 이어갔다. 학당은 많을 때는 100명이 되기도 했고 보통 7~80명이 되었다. 지안 스님은 창원까지 차를 서너 번 갈아타야 하는 수고로움이 있는 데도 싫은 내색 한 번 하지 않고 20년 넘게 강의를 이어왔다. 강산이 두 번 바뀌고 그 사이 승가나 속세 또한 변화의 물결 속에 있었을 터인데, 그런 부침에 상관없이 의연하게 걸어오신 지안 스님이 더욱 눈높이 보인다. 반야불교학당 외에도 서울에서는 '패엽회'라고 하여 2008년부터 일주일에 한 번씩 경전공부를 5년째 가르쳐오고 있다. 지안 스님을 모시고 **금강경오가해 · 대승기신론 · 능엄경 · 서장 · 선가귀감** 등 다양한 경전을 공부하는 그들은 얼마나 행복할까.

"참다운 불교공부를 하는 이들을 지켜보면 그들의 인품이 다듬어지고 있음을 느껴요. 부처님 가르침대로 사는 사람, 품행이 갖추어진 사람이 나타나는데 이것이 저에겐 보람입니다.

포퓰리즘 현상으로 양적인 것에 뜻을 두는데, 종교인들이 질적으로 향상이 되어야 합니다."

재가불자들은 어떻게 경전공부를 하는 것이 좋은지 경학에 능한 지안 스님으로부터 듣고 싶었다.

"저는 먼저 금강경을 읽으라고 합니다. 그 다음은 부처님 육성을 들을 수 있는 초기경전인 숫타니파타·아함경 등을 읽으면 좋겠지요. 화엄경과 법화경도 대승경전의 최고봉이니 독송을 해도 좋고, 한 1년쯤 계획을 잡아 사경을 한 번 해 보는 것도 좋아요. 화엄경은 58만 자인데, 두 번을 사경한 거사가 있어요."

요즈음 청년실업문제가 사회문제로 크게 대두되고 있다. 88만원세대로 불리는 청년들, 그들이 어떻게 힘든 시기를 극복할 수 있을지 혜안을 구하였다.

"요즈음 한국의 젊은이들을 두고 3포라 하는 것이 참 가슴아파요. 연애를 포기하고 결혼을 포기하고 아기 낳기를 포기한다는 것은 그들의 삶이 얼마나 절박한지를 말해줍니다. 하지만 힘들 때일수록 참 올바른 정신으로 자기의 의지로 극복해야 합니다. 인간의 의지는 무한하여, 어려움이 올 때 자기의 능력을 발휘할 수 있어요. 인욕정신을 발휘하여 최악의 절망상태에서 최대의 희망을 찾는 것이 불교입니다. 이것을 어떻게 극복해나갈 것인가를 고민해야 합니다. '하늘은 먹을 것

없는 사람을 내지 않고, 땅은 이름 없는 풀을 기르지 않는다.'
는 말이 있어요. 풀이든 사람이든 제 가치를 다 가지고 있다
는 뜻입니다. 아무리 현실이 어렵더라도 내가 노력하면 내 문
제는 다 해결할 수 있어요."

내 안에 이미 모든 것을 갖추고 있음을 자각하는 것이 첫
번째 과제란다. 그 다음은 자신의 갈 길을 스스로 정하는 가
치관 정립이 이루어져야 한단다. 지금이 어렵기는 해도 옛날
에 비해서 좀 더 복잡하고 다문화의 형태를 띠고 있을 뿐이
지, 마음을 내면 해결할 수 있는 다양한 길이 있는 것이 또 현
대사회이다. 스님의 말씀은 항상 명쾌하다.

스님은 '많은 보살들이 열심히 절에 나가는 것도 좋지만,
자신을 돌아볼 줄 아는 사람이 되어야 함'을 강조했다.

"내가 나를 물어야 해요. 이것이 불교공부입니다. 내가 나
를 물으면 좀 더 인격적으로 향상되어요. '나는 누구인가?'
자신의 위치를 자각하고 깨달을 수 있는 것도 중요합니다. 어
머니, 부인, 며느리, 친구, 형제간의 자리 등 사람의 자리는
많아요. 자기의 자리를 잘 지켜내는 사람이 중요하며, 자기의
자리를 잘 지킬 수 있도록 하는 것이 종교의 역할입니다. 어
머니는 어머니의 자리, 남편은 남편의 자리가 있는 것처럼 어
디서나 사람의 자리를 잘 지키는 것입니다. 내가 스스로 물으
면서 내 자리를 잘 지켜나갈 때, 자기를 알게 되는 것입니다."

노송으로 둘러싸인 반야암의 경관이 참으로 좋아 "스님은 참 행복하시겠다."고 했더니, 지안 스님은 활짝 웃으면서 '산속에 사는 것이 행복 그 자체'라고 답한다. 산을 마음으로 보고, 흐르는 물도 마음으로 보고, 한 송이 꽃과 풀도 마음으로 보는 스님의 행복을 닮고 싶다.

행복지수는 객관적 평가기준보다는 주관적 판단을 따른다. 행복은 계절이 오는 것처럼 저절로 오지 않으며 남으로부터 선물을 받듯이 주어지는 것도 아니다. 행복은 나 스스로 만들어가는 것인데, 지금 행복 속에 있지 않다면 자신을 되돌아 볼 일이다.

이 시대의 종교는 사람들의 열망을
어떻게 충족시켜 줄 것인가에 대해 고민해야 한다.

지원 스님

1964년 범어사 석암 스님을 계사로 사미계, 1970년 통도사 월하 스님을 계사로 비구계 수지. 범어사 강원, 동국대학교 행정대학원을 졸업했다. 조계종 총무원 교무국장, 포교국장을 역임했으며, 1991년 삼보사, 1999년에 육지장사를 창건하여 회주로 있다. 현재 대한불교조계종 포교원장으로 재임하고 있다.
저서로 시집 〈장명등〉과 서간문집 〈마음이 열리면 천당도 보이지요〉 등이 있다.

말이 마음을 다스린다

앞이 보이지 않을 정도로 거세게 퍼붓던 눈발이 조금 성글어지나 싶더니 또 다시 거침없이 쏟아진다. 눈을 한 겹 두른 차창 밖의 풍경은 파스텔화처럼 부드럽다. '저 많은 눈들이 제자리를 찾아 떨어지는 것이 아니라, 눈 떨어진 자리가 바로 제자리가 되는 것이겠지.' 이런 생각을 하면서 백석읍에 들어섰다. 커다란 기산저수지를 지나서 샛길로 접어들자 '육지장사'라는 팻말이 보였다. 양주 도리산에 자리 잡고 있는 육지장사는 석가모니불을 주불로 육지장보살을 모신 지장도량이다. 천상계와 인간계, 아수라계와 축생계, 아귀계와 지옥계의 중생을 제도하는 여섯 분의 지장보살이 계신 도량이라는 의미에서 사명寺名을 육지장사라고 이름 지었다. 150평이 넘는 대웅전, 수선당과 선재당은 훤칠하고 웅장하여 보는 이를 압도하는 그런 기운을 지니고 있다.

수선당에 있는 다실에 들어서자, 도리산의 아름다운 풍광이 방을 한가득 채우고 있다. 심우도 병풍이 있는 다실은 누구나 와서 차를 마실 수 있게 개방된 공간이다. 평생을 포교 일선에서 활동해 온 지원 스님의 몇 가지 신념 중 하나가 '사찰은 대중을 위한 공간이 되어야 하고, 누구나 편안한 마음으로 절 문턱을 드나들 수 있어야 한다.'는 것이다.

   행여 이 산중에
   당신이
   올까 해서
   석등에 불 밝히어
   어둠을 쓸어내고

   막돋은
   보름달 하나
   솔가지에 걸어뒀소.

지원 스님의 시 만월滿月 전문이다. 산사를 찾아오는 사람들이 행여 길을 잃을까 노심초사하는 마음을 읽을 수 있다. 석등에 불을 밝혀두는 것도 모자라 하늘의 보름달을 따다 소나무 가지에 '척' 하니 걸어 둔 스님의 세심한 배려가 돋보인다.
   얼굴 가득 환한 미소를 짓고 있는 스님과 마주앉았다. 지원 스님은 기도스님으로도 통하기에 먼저 스님이 생각하는 기도란 어떤 것인지 여쭈었다. 스님은 육지장사를 개원하게 된 인연부터 풀어나갔다.

"저는 포교의 원력을 세우고 나서 천막에서부터 시작했어요. 임대법당과 전세법당을 십여 년간 전전하다 은평구에 4백 평의 법당을 마련할 수 있었습니다. 그동안 어떤 어려운 일이 있더라도 저의 원력이 흐트러지지 않고 초심을 유지할 수 있기를 바라는 마음에서 천일관음기도를 세 번 올렸습니다. 은평구에 삼보사 법당을 마련하여 열심히 포교활동을 하던 중 건강을 다치게 되었어요."

사경을 헤맬 정도로 병이 무거웠고, 그 고통은 이루 말할 수 없었다. 병고 그 자체가 지옥고로 여겨졌기에 어서 빨리 몸 바꾸어서 다음 세상에 태어나기를 원하는 마음에서 지장기도를 시작했다. 지장기도 덕분인지, 생을 포기해야 할 만큼 위중했던 병이 나았고, 스님은 자리를 떨치고 일어날 수 있었다. 감사의 마음으로 신도들과 함께 천일지장기도에 들어갔다. 천일지장기도에 대한 안내문을 돌린 일도 없었는데, 기도 동참자가 수백 명이 넘었고 기도 동참금으로 수억 원이 들어왔다. 지원 스님은 이것 또한 아직까지도 기이한 일로 꼽고 있다. 스님은 단월들의 보시를 한 번도 허투루 써 본 일이 없기에 귀한 기도 동참금을 더욱 뜻깊은 일에 쓰고 싶었다. 그래서 해동에서 제일가는 지장성지를 조성하겠다는 원력을 세웠고 현몽에 따라 도리산에 도리천궁인 육지장사가 세워진 것이다.

"이 시대의 한국불교가 지장보살과 같은 보살정신을 지닌다면 사회가 평화롭고 남북이 평화통일을 할 수 있는 계기가 되지 않을까 생각합니다. 백만 명 정도의 사람들이 지장보살정신으로 살아간다면, 예를 들면 농사짓는 지장보살, 장사하는 지장보살, 요리하는 지장보살, 운전하는 지장보살 등 다양한 지장보살이 우리 사회에 넘쳐난다면 평화와 행복이 절로 구현된다고 생각해요. 이곳이 바로 극락세계인 것이지요."

스님은 천일지장기도를 세 번이나 올렸고, 지금은 만일지장기도를 봉행 중이다. 평생에 천일기도 한 번을 봉행하기도 힘든데, 천일관음기도를 포함하여 여섯 번이나 성만했다. 6천일, 16년이 넘는 세월동안 올린 기도도 모자라서 만일기도를 발원했다고 하니 그 치열한 수행에 절로 고개가 숙여진다. 스님의 일과는 '기도로 시작해서 기도로 끝난다.'고 했다.

"기도를 비롯하여 참선과 사경寫經을 계속하게 되면 자신에게 굳은 신념이 형성되어 매사에 의욕적이고 열성을 지니게 됩니다. 이와 같은 열의는 마치 전등을 밝혀주는 발전소와 같아요. 그래서 불교에서는 우선 발심할 것을 강조합니다. 발심이란 마음을 낸다는 말인데 어떤 행위에 대하여 처음으로 그것을 하겠다고 마음먹는 것입니다. 그래서 발심이 없이는 어떤 일도 이루어낼 수가 없습니다. 그 발심을 신념으로 바꾸어 주는 것은 곧 기도와 참선과 사경을 지속적으로 해 나아가는 것입니다."

 그리고 기도는 간절한 마음으로, 일심으로, 진정하게 갈구하는 행위이기 때문에 기도를 하면 먼저 우리의 신체 구조가 변한단다. 일념으로 기도하는 마음이 되면 우측 뇌에서 β 엔돌핀(아드레날린)이 분비되고, β 엔돌핀은 기억력을 향상시키며 사람들과의 관계를 원만하게 유지시켜주며 의욕적인 방향으로 이끌어준다. 이러한 것이 반복되다 보면 매사를 긍정적으로 생각하고 명랑하고 활기찬 사람이 되어가는 것이다.

 "저는 갖가지 일에 대하여 상담을 합니다. 그 상담은 십중팔구 제아무리 복잡한 문제일지라도 대개는 실상인 마음의 문제에 귀착되는 것들입니다. 제대로 알지 못하기 때문에 문젯거리가 발생하고 그 문젯거리를 제대로 알지 못하기 때문에 고민이 생기고, 고민이 생기기 때문에 그것에 파묻혀 더욱 많은 고민거리가 발생하는 것입니다. 그러니 사실상 자신의 마음을 지배함으로써 병이든 경제문제이든 모든 문제가 결국 해결되고 맙니다. 그 마음을 다스릴 수만 있다면 만사가 이루어질 텐데 이 마음이란 놈이 생각대로 되지 않는다는 겁니다. 그 마음을 다스리는 방법 가운데 가장 비근하고 확실한 방법이 누구나 사용하는 '말'이라고 생각해요. 말이라고 할 때 소리 내어 말한 것만을 가리키는 것이 아니라 상념 또한 언어에 속합니다. 한 번 말의 힘을 자각하게 되면 제 힘으로는 어찌할 수 없었던 마음을 자유롭게 좌우하기에 이르는 것입니다."

지원 스님은 "말이란 친화력을 가지기 때문에 말 하나를 통해서 불행했던 일상의 생활이 밝아지기도 하고, 행복해지기도 하며 병약하던 몸이 건강해지기도 한다."면서 언어와 마음의 상관관계에 대해 말씀해 주었다. 스님의 이러한 철학은 오랜 세월동안 포교일선에서의 경험을 바탕으로 한 것이기에 살아있는 법문이며, 사람들의 마음과 생활습관을 변화시키는 강력한 에너지를 가진다.

종교의 출발은 행복해지고 싶은 마음에서 시작하는 것이기에 사람들의 그 열망을 어떻게 하면 충족시켜줄 수 있는지를 고민해야 한단다. 현대인들은 몸과 마음을 편히 쉴 수 있는 곳이 그다지 많지 않기에 그 역할을 담당할 수 있는 것이 바로 사찰이다. 육지장사는 이미 현대인의 눈높이에 맞는 템플스테이 프로그램으로 그 명성이 널리 알려져 있다. 합리적이고 논리적이며 현실감각에 맞는 프로그램을 개발한다면 템플스테이를 통한 포교는 무한 가능성을 지니고 있단다.

"3, 40대를 위한 워크숍을 해보기도 했으며, 트위터 동호회를 만들고 페이스북에 가입하여 젊은이들과의 소통을 꾀했습니다. 와인동호회를 만들기도 하는 등 젊은이들의 취향을 아는 것이 소통의 지름길이라 생각하기에 많은 노력을 기울여 왔어요. 전통을 지켜나가는 것도 좋지만 부처님의 좋은 가르침을 시대에 맞게 포장하여 많은 사람들에게 전하는 것이 불제자의 할 일 아니겠어요?"

칠십을 바라보는 연세에도 불구하고 스님은 대중들과의 소통을 위하여 끊임없이 연구하고 시도한다. 절 문턱을 쉽게 넘어올 수 있도록 1,700년 동안 내려온 스님들의 건강비법을 조금만 개방하여도 사람들에게 쉽게 다가갈 수 있음을 강조했다. 스트레스와 만성피로증후군에 시달리는 현대인들에게 필요한 것이 '휴식형 사찰체험'임을 일찌감치 간파한 것이다. 육지장사의 템플스테이에서 인기 있는 것은 단식수행프로그램과 게르마늄 쑥뜸온구 체험, 경락추나 체험이다. 단식다이어트 프로그램에는 1,700년 동안 내려온 스님들의 건강비법이 녹아있기에 이것을 세상에 알리고 인정받기 위해 올해 박사학위과정에 등록해 놓았다.

"우리 몸의 세포들은 우리의 생각을 낱낱이 엿듣고 있으며 그것에 따라 변화합니다. 그래서 몸과 마음은 결코 분리될 수 없는 하나로 인식되고 있어요. 반야심경에 색즉시공色卽是空 공즉시색空卽是色이라는 말은 삶의 본질을 적절하게 표현해주고 있어요. 가령 우리의 몸은 우리가 생각하는 대로 이루어집니다. 심신의학자 디팍초프라Deepak Chopra는 우리의 정신과 감정 상태는 내분비계에도 영향을 미치고, 호르몬은 온몸을 돌아다니면서 육체적 활동과 감정 등에 영향을 미친다고 합니다."

스님은 "호르몬은 복잡하면서도 정교한 상호전달 체계를 만들어 온몸으로 전달하기 때문에 마치 색이 공이고, 공이 색이라는 것을 과학적으로 여실하게 보여주고 있다."고 했다.

육지장사는 지을 때부터 대중문화를 공유할 수 있도록 설계를 했다. 대웅전으로 오르는 49개의 계단은 객석이 되도록 했고, 관객들의 건강을 생각하여 옥玉으로 깔았다. 이곳 육지장사에서는 다양한 공연이 열리기도 하는데 큰 관심을 이끌어낸 것은 록rock공연이었다. 산중에서 록을 공연한다는 것이 얼핏 이해가 되지 않지만, 젊은 세대들과 소통하기 위해서는 그들이 좋아하고 관심을 가지는 것을 무대에 올려야 한다는 것이 스님의 포교관이다. '사상과 종교에 관계없이 벽을 넘나들 수 있는 것이 문화'이기에 스님은 문화를 통해서 여러 세대들과의 만남을 시도하는 것이다.

부천에서 온 대여섯 명의 사람들이 게르마늄 쑥뜸온구 체험과 경락추나 체험을 마치고 돌아가려 하자 지원 스님은 '차라도 한 잔 마시고 가라.'며 붙잡는다. 이렇게 추운 날에는 쌍화차가 좋다면서 앞앞에 작은 찻상을 내어준다. 이런 극진한 대접에 사람들은 감동하게 된다. 세상으로부터 상처받은 사람들이 두드릴 수 있는 문이 종교의 문이며, 따뜻한 위로의 말을 들을 수 있는 곳이 종교라는 공간이다. 지원 스님은 종교의 이러한 역할을 중요하게 생각하기에 절을 찾는 사람들을 따뜻하고 살갑게 맞이해준다. 현대인들에게 '행복한 삶을 위한 비법'을 가르쳐주시기를 요청했다.

"자기 자신을 밝게 하려는 사람은 남의 행실 가운데 밝은 면만을 보아야 하며, 밝은 행실을 기쁨으로 칭찬할 줄 알아야 합니다. 될 수 있는 한 마음속에 불쾌한 기억들을 머릿속에서 지워버린다면 하루하루가 좋은 날이 될 것입니다. 마음의 실상과 언어의 힘을 믿고서 희망과 사랑과 행복의 에너지로 가득 찬 말을 한다면 그것이 바로 행복의 비결이라 생각합니다."

이처럼 스님의 말씀은 어렵지 않고 단순명쾌하고 머리와 가슴에 쏙쏙 들어와 박힌다. 절 마당에 조성된 의상조사의 화엄일승법계도를 화살표를 따라 걸어보았다.

　　초발심시변정각初發心時便正覺!

'첫 발심 했을 때가 바른 깨달음'이라는 구절이 눈에 들어온다.

나는 과연 행복을 받아들일 준비가 되어 있는가?

철우 스님

1959년 경북 청도 적천사에서 향봉 스님을 은사로 출가. 도봉산 망월사에서 향봉 스님을 계사로 사미계. 해인사에서 자운 스님을 계사로 비구계 수지. 범어사 승가대학, 해인총림, 율원 졸업. 호경 강백으로부터 전강했으며, 자운 율사로부터 전계했다. 조계종 행자교육원 습의도감, 계단위원회 위원, 단일계단 구족계 존중아사리, 법계위원회 시행위원 등을 맡고 있다. 2005년 계율연구원 비니원을 개원했고, 지금은 파계사 영산율원 율주이다.

경전이 들려주는
행복의 법칙

　파계사로 가는 길은 가팔랐다. 가파른 길일수록 숨을 고르면서 느린 걸음으로 가야 하는 법. 느리게 걷다 보니 아카시아 나무며 이끼 낀 참나무가 눈에 들어온다. 좀 더 걸음을 늦추니 낮게 엎드린 보랏빛 달개비꽃이며 주홍빛 나리꽃이 보인다. 귀를 기울이니 나무들의 두런거리는 소리가 들리고 꽃잎들의 속삭이는 소리가 들리는 듯하다. 계절마다 들려주는 산의 울림은 다르다. 칠월의 산이 들려주는 소리엔 생명력이 가득하다.

　동화사의 말사인 파계사는 신라 애장왕 때 심지왕사가 창건했다. 파계사把溪寺라는 이름은 인근에 아홉 갈래나 되는 물이 흘러내려가 땅의 지기地氣가 흩어지는 것을 방지하기 위해 절 아래 연못을 파고 물줄기를 모았다는 데서 지어진 이름이다. 계곡을 잡는다는 뜻이 담겨있건만 어떤 이는 계戒를 파한다는 뜻으로 받아들여 사명寺名이 참으로 파격적이라 한다나.

하지만 파계사는 영산율원을 두고 있어 '계율도량'으로 널리 알려져 있다. 특히 영산율원은 총림이 아닌 단위사찰로서는 조계종 최초의 율원이기에 더욱 의미가 깊다.

율사인 철우 스님과 마주하니 무엇부터 여쭈어야 할지, 갑자기 앞이 탁 막히는 느낌이다. 먼저 계율의 의미부터 여쭈었다.

"계율이란 행위, 습관, 도덕, 행동과 언어에 악을 짓지 않고 방지하는 계戒와 부처님 제자들이 지켜야 할 행동과 여러 가지 잘못과 악을 억제하는 율律을 합한 말입니다. 부처님은 '살생하지 않아 자비심을 길러야 하고, 훔치지 않아 베풂을 배워야 하고, 사음을 하지 않아 정결을 지킬 줄 알아야 하고, 거짓말을 하지 않아 진실해야 하고, 술을 마시지 않아 맑은 정신으로 깨끗한 햇으로 살아야 깨달음을 얻는다.'라고 말씀했어요. 그리고 계율은 대중을 화합시키므로 꼭 지켜야 함을 강조하셨어요."

철우 스님은 '계율을 지니면 성품이 강직해져서 융화가 되지 않고 편벽된 사람이 된다.'는 시각이 없지 않아 있다면서 그 점을 안타까워했다.

"계를 가지는 것은 사람으로 하여금 뉘우치는 잘못이 없게 하는 데 뜻이 있고, 뉘우치는 잘못이 없게 하는 것은 사람으로 하여금 즐거워하게 하는 데 뜻이 있습니다. 지혜는 계에 의해 청정해지고 계는 지혜에 의해 청정해진다는 것을 알아야 합니다."

철우 스님의 거처는 한글대장경을 비롯한 온갖 경서로 가득했다. 다른 책에 비해 두 배 정도 큰 책이 있기에 궁금하여 여쭈었더니, 사분율장이라 했다. 사분율장은 계를 받은 사람만이 볼 수 있는 책으로 그 외의 사람들에게는 금서禁書라고 했다. 스님께서 몇 년에 걸쳐 **사분율장** 한글 현토번역본을 완역했는데, 이것은 전국의 율원에서 교재로 쓰이고 있다고 했다. **사분율장**을 번역한 것은 철우 스님 개인적으로도 의미 있는 작업이라 했다.

부처님께서 쿠시나라가의 사라쌍수 아래에서 열반을 앞두고 아난을 비롯한 제자들에게 "자기 자신에게 의지하고 법에 의지하며 남에게 의지하지 말라. 스스로를 등불로 삼고 법을 등불로 삼아, 남을 등불로 삼지 말라."고 하신 말씀에 대해 철우 스님은 이렇게 해석했다.

"유언은 자기 자신의 의지의 진리에만 따르라는 마지막 계목이라 할 수 있어요. 계율의 폭은 넓어서 성품까지도 조복할 것을 요구하며 몸과 입과 뜻의 삼업三業을 금하는 것입니다."

잘못된 행위가 일어날 때마다 부처님과 장로들이 그러한 것을 금지시키는 규정을 만들었으며, 이것이 발전하여 대단위 계율이 된 것이란다. 철우 스님은 '모든 계법 가운데 5계가 가장 기본이며 그 가운데서도 불살생을 계의 근본으로 삼는 다.'고 했다.

동진 출가한 동기를 여쭈었더니 "그 시절엔 내 뜻이 따로 있나요. 어른들의 처분에 따를 수밖에 없었지요."라고 답한다. 향봉 스님을 은사로 동진 출가하여 '좋은 것이 무엇인지 나쁜 것이 무엇인지도 모르고 행자생활을 했다.'면서 율사의 길로 들어선 것은 순전히 강원 도반인 성우 스님 덕분이라 했다.

"강원을 마치고 성우 스님이 해인율원으로 간다기에 나도 율원으로 간 것이지, 큰 뜻이 있어 간 것은 아닙니다."

이처럼 철우 스님은 자신을 전혀 내세우지도 꾸미지도 않는다. 계율의 폭은 넓어서 성품까지도 조복할 것을 요구하기 때문에, 또 비구는 신구의身口意 삼업이 청정해야 하기 때문인 것으로 이해해야 할 것 같다.

철우 스님은 통도사 강원에서 공부할 때의 산중 어른이셨던 벽안 스님이 오래도록 기억에 남아있다고 했다.

"벽안 스님은 학인들이 무서워하리만큼 엄격하셨던 분입니다. 하지만 스님은 먼 길을 다녀오시면 빈손으로 그냥 넘기지 않는 어른 사랑을 보여주시곤 했어요. 한 번은 스님께서 학인들에게 연필 한 자루씩을 선물했는데, 연필에 '정신 차려, 벽안'이라고 새겨져 있었어요. 어린 마음에 무섭기만 했던 분이었는데, 자상한 배려에 한편은 놀라고 한편은 가슴 뭉클했던 기억입니다. 스님은, 사랑 받고 공경 받기를 원한다면 자신이 먼저 사랑하고 공경하라는 의미의 가르침을 연필에 새겨서 가르쳐 주신 것입니다."

공경하지 아니하면 박복해지고 공경 받지 못하면 마음에 그늘만 드리울 뿐이라고 말미에 덧붙였다.

성우 스님과 철우 스님은 제방선원에서 평생을 참선 수행하는 수좌들처럼 평생 동안 계율을 전문적으로 공부할 수 있는 율원을 만들자는데 뜻을 모았다. 그렇게 해서 파계사에 영산율원을 설립하게 된 것이다.

전문적이고 체계적인 계율공부를 위해서는 율원을 강원처럼 4년 과정으로 늘려야 한다는 소신을 갖고 있었던 철우스님은 2005년에 대학원 과정이라 할 수 있는 계율연구원 '비니원'을 개원했다. "비니원毘尼院이란 율원이라는 뜻인데, 뜬금없이 영산율원에 비구니율원이 생겼다고 한때 소문이 돌았다."는 말씀을 하시면서 그만큼 계율에는 등한시함을 방증하는 것이라 했다. 또 계율에 관한 장서를 모아놓은 도서관 '비니장'을 만들어서 연구하는데 어려움이 없도록 배려했다. 영산율원은 해인사 전 율원장 혜능 스님, 통도사 율원장 덕문 스님, 송광사 도일 스님 등 17명의 졸업생을 배출했다.

철우 스님은 영산율원 율주 외에도 종단의 여러 소임을 맡고 있다. 행자교육원 습의도감과 단일계단 구족계 수계산림에서 존중아사리 겸 유나 소임을 맡고 있다.

스님은 5계에 대해서는 강조를 해도 지나침이 없다면서 '불살생은 생명의 존엄성을 스스로 깨닫는 것으로 우리가 보다 큰 생명의 세계로 나아가는 첫걸음'이라 했다. 부처님도 살생은 '자비의 종자를 끊는다.'고 하셨으니, 한 생명을 상하게 하는 것이 '바로 나의 생명을 상하게 한다'는 자각이 있어야 할 터이다. 재가불자들에게 가장 기본적인 '술을 마시지 말라'는 계율처럼 지켜지지 않는 계율도 없다고 했다.

"술은 무려 36가지 잘못을 만들어 내기 때문에 혹독한 망신살이 항상 숨어 있어요. 술은 지혜와 좋은 뿌리를 없애고 법의 보배를 모두 없애니 큰 도끼와 같고 모든 잘못의 시초이며 모든 악의 근본이라 했어요. 제정신을 잃는 것은 모든 것을 잃는 것이기 때문에 금지하는 것입니다."

일부에서 반야탕이니 곡차니 하며, 신통자재한 고승의 흉내를 내면서 무애행을 한답시고 불음주계를 지키지 않는 것을 자랑으로 여기기도 하지만, 부처님 앞에서 지키겠다고 한 맹세를 깨뜨리는 파계는 결코 자랑일 수 없다고 못 박았다.

"계율은 부처님의 교육관입니다. 자식이 잘되기를 바라는 부모의 마음으로 정한 것이 계율인데, 누구는 지키고 누구는 지키지 않아도 되는 그런 것이 아닙니다. 부모의 꾸지람을 듣기 싫어하는 자식이 잘되는 법은 없다고 생각해요. 수행자의 위의에 맞지 않게 옷을 입거나 행동한다면 타인으로부터 지탄을 받게 되겠지요? 계율이 없으면 부처님의 법도 있을 수 없어요. 계율을 지키지 않으면 정법正法이 빨리 없어짐을 부처님은 염려하셨습니다. 원래 도道라는 것은 '눈 위에 찍힌 사슴의 발자국'을 뜻한다고 해요. 사냥꾼이 발자국을 따라 사슴을 포획하듯이 구도자는 스승이 남긴 발자취를 따라 해탈문에 들어서고자 해야 합니다. 우리는 부처님을 닮으려고 애써야 합니다."

뜻도 모르면서 계를 말하는 것도 안되고, 깨닫지 못했으면서 깨달았다고 하거나, 승가로서 해서는 안되는 일들을 선배가 했다고 후배로 하여금 따라 배우게 하는 것도 정법이 빨리 없어지는 원인이 된다고 했다. 계율을 지키지 않는 것은 불법佛法을 스스로 망치는 것이란다.

철우 스님은 '법은 바로 부처님의 유산'이라 했다. 부처님의 아들 라훌라가 열두 살 되던 어느 날 부처님을 찾아와 "저에게 물려줄 유산을 주십시오."라고 요구를 했나. 부처님은 빙그레 웃으시며 라훌라의 손목을 이끌고 가 제자 사리불에게 "이 아이를 출가시켜라."고 이르셨다. 부처님의 유산은 바로 '법'이었던 것이다. 이 법은 부처님의 아들 라훌라에게만 전해진 것이 아니라, 우리 모두가 물려받은 유산이란다. 과연

유산대로 잘 살고 있는지 모두 반성해 볼 일이라고 일침을 가했다.

부처님은 '지혜, 계율, 도덕에 대해서 편견을 가져서는 안 된다.'고 하셨다면서 부처님의 십대 제자 중 지계持戒제일인 우바리 존자 이야기를 들려주었다.

우바리는 궁중에서 머리를 깎는 이발사였다. 이발사라는 직업은 인도의 네 계급 중 가장 천한 계급이다. 부처님께서 성도하신 뒤 고향에 돌아오시어 법을 설하자 석가족의 왕자를 비롯하여 많은 사람들이 앞을 다투어 출가했다. 왕궁에서 왕자들의 머리를 깎아주던 우바리는 천한 몸으로는 출가할 수 없다고 생각하였는데 부처님은 출가를 허락했다. 우바리가 출가한 지 17일째 되는 날, 난타왕자가 정식으로 부처님의 제자가 되었다. 부처님은 늘 하던 대로 출가한 순서대로 절을 받게 하시었다. 난타는 차례로 절을 하다가 맨 끝에 앉은 우바리 앞에 이르러서는 절을 하지 않았다. 이 광경을 보신 부처님께서 말씀하셨다.

"불법에 있어서는 무엇보다도 계행을 청정하게 지키고 정진하여 덕을 닦아 교만한 마음을 항복 받는 수행의 결과가 제일이다. 출가한 순서로 정해지나니 형으로 삼아서 존경하고 대접하도록 하라."

그러나 난타는 선뜻 우바리에게 절을 하지 않았다. 그러자 부처님은 다시 간곡하신 말씀으로 일렀다.

"온갖 더럽고 냄새나는 수백 수천의 냇물들도 마침내 바다로 모인다. 일단 바다에 이르면 모두 한 맛인 짭짤한 바닷물이 되듯, 누구나 교단에 들어오면 똑같은 사문일 뿐이다."

난타는 이윽고 우바리에게 공손하게 절을 했다.

"부처님은 많은 귀족들의 반감을 샀지만 교단 안에서의 일체 불평등을 용납하지 않았어요. 출신에 관계없이 교단에서는 평등했고, 부처님 자신도 평등한 일원으로서 일체의 특권을 거부했습니다."

철우 스님은 '계는 지키는 데 목적이 있는 것이지, 벌주기 위해서 있는 것이 아니라'고 했다. 불가에서는 잘못을 저질렀다 하더라도 참회懺悔의 기회가 주어지고, 그것을 용서와 관용으로 감싸주는 너그러움이 있다. 우선 참회라는 말의 뜻을 나누어 보면 스스로 범한 잘못을 뉘우쳐 용서를 비는 것을 참懺이라 하고 과거의 잘못을 뉘우치고 부처님, 보살님 어른 대중 앞에서 고백하고 사과하는 일을 회悔라 한다. 철우 스님은 '잘못과 실수를 저질러도 그 수습하는 태도에 따라 크게 삶의 의미가 달라질 수도 있음'을 강조했다.

백 년 동안 때 묻은 옷이라도 하루 동안에 씻어서 깨끗하게 하는 것과 같이 백천 겁 동안에 지은 모든 악한 일도 불법의 힘으로 잘 수순해서 닦으면 일시에 소멸할 수 있는 것이다.

스님께 행복의 법칙을 여쭈었더니 '경전에 행복의 법칙이 다 나와 있다'고 답했다.

부모를 섬기고 처자를 아끼고 보호하며 올바른 생업에 정진하라. 이것이 인간에게 최상의 행복이다.

보시를 행하고 계율을 지키며, 친족에게 정을 베풀고 비난받을 일을 하지 말라. 이것이 인간에게 최상의 행복이다.

악업을 즐거움으로 삼지 말며, 술 마시고 분수를 잃지 말고 모든 일에 방일하지 말라. 이것이 인간에게 최상의 행복이다.

다른 이를 존중하고 스스로 겸손하며 만족을 알고 은혜를 생각하며 시간 있을 때면 가르침을 들어라. 이것이 인간에게 최상의 행복이다.

참아내고 온순하며 자주 스님을 찾아서 시간 있을 때면 법에 관해 물어라. 이것이 인간에게 최상의 행복이다.

"행복은 결코 먼 데 있는 것이 아닙니다. 부처님은 쓸데없이 큰 욕망을 부리는 것을 경계하셨어요. 작은 것으로도 만족할 수 있는 소욕지족所欲知足을 누리라는 것이지요. 방이 수십 개라도 내가 누워 잘 곳은 한 칸이요, 땅이 아무리 많아도 죽어 묻힐 곳은 반 평이면 됩니다. 문제는 내가 과연 행복을 받아들일 준비가 되어 있는지 자신을 한 번 되돌아보는 것이 중요합니다."

행복을 받아들일 준비란 불자로서 오계를 잘 지키고 육바라밀을 수행하는 것을 말하는 것이리라. 어느 시인은 모든 소망을 단념하고, 목표와 욕망도 잊어버리고, 행복을 입 밖에 내지 않을 때 영혼은 비로소 쉬게 되는 데, 그때 행복이 찾아온다고 했다. 행복을 누릴 만큼 성숙해 있을 때 행복이 찾아오는 것이다.

철우 스님은 한마디라도 허투루이 내뱉지 않는다. 부처님의 육성을 바탕으로 해서 법문하고 경책하는 것이다. 부처님의 육성을 오롯이 듣는 듯한 스님의 법우法雨에 오늘도 흠뻑 젖고 말았다.

자신의 공부에만 안주하지 않고 시대정신으로 살았던 분이 부처님이다.

청화 스님

1962년 출가. 1977년 불교신문, 1978년 한국일보 신춘문예를 통해 시인으로 등단. 실천불교전국승가회 의장, 청평사 주지, 대한불교조계종 중앙종회 수석부의장, 교육원장 역임. 지금은 정릉 청암사에 주석하고 있으며 참여연대 공동대표와 실천불교전국승가회 상임고문을 맡고 있다.

저서로 시집 〈무엇을 위해 살 것인가〉, 산문집 〈돌을 꽃이라 부른다면〉 〈향기를 따라가면 꽃을 만나고〉 등이 있다.

바람이 향기를 담으려면

흰 눈이 분분히 내리는 날, 정릉 골짜기를 찾았다. 흰 나비처럼 허공을 날아오르던 하얀 눈은 나무 위에 쌓이지 않는다. 나목을 비롯하여 속내를 그대로 드러내고 있는 정릉 골짜기에 금빛 바람이 불고 흰빛으로 빛나는 풍광을 상상해 보았다.

시간에 녹아 사라지는 것이냐
잠시 쌓이다가 눈이 부시다가
어느덧 물이 되는 덧없는 흰 눈

그렇구나!
한 다발 꽃을 들고
웃고 있는 너도 흰 눈
무너진 돌담에 기대어
울고 있는 나도 흰 눈
인생은 모두가, 모두가 흰 눈

청화스님

청화 스님의 시 흰 눈 전문이다. 육각형의 결정체를 이루고 있는 아름다운 눈은 종내는 녹아서 물이 되는 덧없음을 노래하면서 인생 또한 그러하다고 덧붙였다. 인생이란 흰 눈처럼 덧없는 것이니 너무 욕심 부리지 말고 포근하고 넓은 마음으로 살라는 의미로 읽었다.

낡은 목현판에 써진 '청암사'라는 글자를 보고 사찰임을 알 수 있었다. 여염집과 다름없는 청암사 뜰엔 작은 석등이 하나 서 있을 뿐, 사찰의 상징물이라고는 없었다. 청화 스님의 청빈과 검소함을 단청으로 삼은 절이다. 소박한 스님의 처소엔 다양한 장르의 서책들이 한쪽 벽면을 채우고 있다.

서책들을 둘러보면서 청화 스님의 문학에 대한 열정을 읽을 수 있었다. 등단 31년 만에 시집 무엇을 위해 살 것인가를 세상에 내놓았다. 조계종 교육원장 소임을 마치고 제일 하고 싶었던 것이 '시詩를 마음껏 쓰는 것'이었단다. 한때의 열병처럼 스쳐 지나가지 않고 평생을 두고 그림자처럼 따라다니는 문학에 대한 자신의 열정을 두고 청화 스님은 '전생의 업'으로 해석할 수밖에 없다면서 웃었다.

소년 시절부터 사랑방에 굴러다니는 책을 보면서 문학에 매료되었다. 소설을 읽으면 소설가가 되고 싶었고, 시를 읽으면 시인이 되고 싶었다. 소년 시절부터 굉장히 감성적이었고, 계절의 변화에 예민하고 섬세하였다. 이러한 아이의 감수성을 조금이라도 아는 부모였다면 무언가 뒷바라지라도 했을 터인데 주변 환경은 그러지 못했다. 한학을 공부했던 아버지는 사회 진출을 꿈꾸었지만 지독한 좌절을 맛보았고, '공부 같은 것은 별 소용없는 것'으로 결론 내렸다. 아버지는 식견識見이란 오히려 농사를 짓는데 방해가 된다는 이유로 소년을 학교에 보내지 않고 한학을 가르쳤다. 하지만 문학에 들떠 있던 소년은 신식 공부를 원했고 끊임없이 읽고 쓰고 싶은 욕망에 시달렸다. 낮에는 농사일을 돕고 밤에 짬을 내어 책을 읽기 위해 호롱불이라도 켤라치면 그것마저 허용하지 않았다.

이러한 주변 환경은 소년을 출가의 길로 이끌었고, 그때의 심정을 스님은 출가라는 시에서 이렇게 노래했다.

출가는
먼 물소리 따라
물 찾아가는 길…

출가는
저기 저기 저 설산 너머의
눈부신 물 만나러 가는 길

청화 스님은 문학에 대한 열정만 뜨거웠던 것이 아니었다.

암울했던 시대에는 민주화운동에 앞장서며 기형적인 정치에 의해 고통 받는 사람들과 아픔을 함께했다. '중생이 아프니 나도 아프다'고 말했던 유마거사처럼 청화 스님 또한 민중들의 아픔을 외면하지 않았다. 먼 물소리 따라 물을 찾아 나선 출가의 길, 그 길에서 여러 갈래의 물줄기를 만난 것이다. 세인들의 고통에 대해 애써 외면하지 못하는 스님의 여린 가슴이 사회참여에 발을 내딛게 했을 것이다. 수행자의 사회참여에 대해 사시의 눈으로 보는 시각도 있지 않느냐고 여쭈었다.

"스님들도 사회적 역할이 분명히 있어야 살아있는 불교가 됩니다. 불교가 사회와 더불어 숨 쉬는 생명체로서 존재해야 한다고 생각합니다. 은자隱者적인 그런 수행자의 삶을 산다면 불교는 사회와 동떨어지고 결국은 소외당하게 됩니다. 지금도 '세속을 떠난 사람이, 출가한 사람이' 하면서 자꾸 섬이 되려고 하는 데 이것은 소승적인 사고방식입니다. 대승이란 보살의 원력으로 세간을 위해 회향하는 것인데, 자꾸 수행자의 이름 속으로 숨으려 하는 것은 바람직하지 않다고 생각합니다."

스님은 '어떤 것이 중생 제도인지'를 물었다. 굳이 답을 들으려고 던진 물음이 아니라는 듯 다음과 같은 말씀을 이어갔다.

"사회의 잘못된 부분을 바로 잡지 않을 경우 고통 받는 사람들 역시 중생입니다. 부처님은 그 당시 인도 사회를 지탱하고 있는 카스트제도를 부정하는 엄청난 사건을 일으켰어요. 카스트제도가 있는 한 인권이란 것이 있을 수 없지요. 인권이란 특수층에만 있는 것이지, 노예계급이나 천민들에겐 인권이 아예 존재하지도 않았어요. 그리고 그 당시 여성들은 가정에서 말할 자유, 행동의 자유도 박탈당한 채 남녀차별이라는 이중의 고통 속에 살았습니다. 부처님은 이러한 사회 문제에 관심을 가졌고 카스트제도의 폐지와 여성해방운동을 펼쳤어요. 카스트제도나 여성차별이 당연한 것으로 행해졌던 시대에 부처님의 이러한 사회참여는 천지가 개벽할 일이었어요. 여성차별에 대해 관심을 가진 부처님은 먼저 '어머니의 은혜'부터 부각시켰고 차츰 그 범위를 넓혀 나갔습니다. 부처님은 조용하게 설법을 통해서 사람들의 생각을 바꾸어 놓았고, 사회를 변화시켜 나갔어요. 부처님은 결코 자신의 공부에만 안주하지 않고 시대정신으로 살았던 분입니다."

'부처님이 세간의 삶을 살고 있는 사람들에게 많은 연민을 가지고 당신의 가르침을 통해서 바람직한 삶을 살도록 인도하고자 무던히 애쓴 흔적이 아함경에 그대로 다 드러나 있음'을 강조했다. 근본불교 사상 위에 대승사상이 구축되어야 하는 것이지, 이러한 것이 바탕이 되지 않은 것에서 출발한다면 대승불교는 공허한 사상에 지나지 않는다는 것이 스님의 생각이다.

청화 스님은 현실생활에 유익한 내용들이 부처님의 육성으로 오롯이 담겨있는 아함경·법구경·숫타니파타 등의 초기경전을 인용하여 법문하기를 좋아한다. 부처님의 교법이야말로 우리들에게 감로수가 되고 캄캄한 밤길에 등불도 되고 갈 곳을 모르는 곳에서는 안내자도 되는 것이며 우리를 새롭게 변화시키는 보배란다.

"좋은 법문이란 듣는 사람이 감동하고 법문을 통하여 삶에 대한 강한 지침도 발견하는 것이라 생각합니다. 고달프고 피곤하고 힘든 삶을 살아가는 세인들에게 희망적인 메시지를 전달할 수 있어야 하는 데, 추상적이고 불교사상적인 것만 이야기한다면 무슨 효과를 기대할 수 있겠어요?"

풍요와 빈곤, 개발과 오염, 개발과 보존 등의 역설로 존재하는 환경문제는 21세기의 중대한 논쟁거리가 되었다. 요즈음 논쟁의 한복판에 있는 4대강 개발에 대해 여쭈었다. 4대강 개발을 반대하는 이유는 사람마다 관점이 다를 수도 있다면서 '자연은 자연 그대로 훼손시키지 않는 것이 인간과 자연이 공존할 수 있는 조건을 구비하는 것이라 생각' 하기 때문에 반대 입장에 선 것이라 한다.

"4대강 살리기는 운하건설이 명백해요. 운하가 아니라면 보를 쌓을 필요가 없고 수심을 6미터로 유지할 이유가 없습니다. 강을 살리려면 강을 오염시키는 주변 시설물을 철폐하고 오염 물질이 스며들지 않도록 차단하는 것이 더 급하지 않을까요. 운하를 만들면 주변에 위락시설을 설치할 것이고, 그야말로 강을 망치는 것입니다. 전문적인 식견을 가진 사람들은 4대강 개발은 '물그릇을 키우는 것'이라면서 크게 우려를 하고 있어요."

스님은 고시조 한 편을 읊었다.

청산도 절로 절로
녹수도 절로 절로
산山 절로 수水 절로
산수간에 나도 절로
그중에 절로 자란 몸이 늙기도 절로 하리라.

"절로란 인위적인 것과 인공적인 것을 배재한 것입니다. 인위적이고 인공적인 것에는 인간의 탐욕이 개입되어 있어요. 개발이라는 포퓰리즘populism에 의해서 경제성장과 연결시킴으로서 사람들을 현혹시키는가 하면, 경제성장을 위해서는 개발이 불가피한 것이라 생각히고 있습니다. 그런데 현실적으로 인지할 수 있는 것을 예로 든다면, 6·25 직후의 삶과 지금의 삶과는 천지만큼 현격한 차이가 있어요. 6·25 직후의 가난한 삶과 물질적으로 풍요로운 지금의 삶을 비교했을 때, 많이 가진 만큼 행복지수가 높아야 하는데 오히려 더 낮아진 상태입니다. 물론 행복지수가 더 높아진 사람도 있겠지만 보편적으로 그렇지 않다는 것입니다. 지금처럼 경제제일을 목표로 삼아서, 5만불 시대가 온다고 가정하면 대한민국 국민 전부가 다 행복이 넘치는 얼굴이 될까요? 지금 선진국을 보면 그렇지 않잖아요. 의식을 바꾸어야 합니다. 욕구 충족엔 만족이란 것이 없고 계속 갈증만 생겨나는 것인데, 사람들은 많이 소유하는 것을 행복의 기준으로 삼고 있어요. 이젠 경제성장을 추구하는 것에 초점을 맞추기보다는 사람다운 삶, 어떻게 사는 것이 사람다운 가치를 크게 발현시키고 행복지수를 높일 수 있는가를 고민해야 합니다. 행복이 목표가 아니라 소유 그 자체가 목표가 되고, 욕망만 추구하는 사회가 되다보니 인심이 각박해지고 심신이 점점 피폐해지는 것입니다."

　스님은 물질에 바탕을 둔 행복은 언제든지 깨어질 수 있는 유리알과 같은 것이기에 위태롭고 믿을 것이 못된다고 했다. 물질의 소유에서 오는 행복, 승리와 지배에 의해서 얻는 행복, 사랑에 의한 행복, 명예와 권력에 의한 행복 등 제각기 추구하는 행복의 종류는 다양하다. 하지만 부처님은 '진리에 의해 행복하라.'는 말씀을 하셨다. 진리가 아닌 것은 사람을 배신하고 끝내는 변하고 덧없기 때문이다. 진리는 부귀처럼 왔다가는 것이 아니며 현실적 조건에 따라 변하는 것이 아니기에 금강석처럼 단단한 행복을 주는 것이다.

"진리에 의한 행복을 얻기 위해서는 첫째는 번뇌를 소멸해야 합니다. 번뇌는 무명의 산물인데, 번뇌가 소멸된 마음에는 반야의 지혜가 드러납니다. 그 다음은 탐욕을 버리는 것입니다. 욕심은 우리들의 삶에 활력소가 되기도 하지만 반대로 재앙과 파멸의 독이 되기도 하므로 욕심에는 수용과 자제가 필요합니다."

'향 하나 사르며 비로소 흉터 없는 나를 만나 번뇌가 없는 계단을 경건히 오른다.' 는 청화 스님에게 특별히 현대인들을 위한 법문 한마디를 청했다.

水向竹邊 流出綠 수향죽변 유출녹
風從花裏 過來香 풍종화리 과래향
물이 대나무 숲가를 흐르니 푸르고
바람이 꽃 속을 지나오니 향기롭구나.

"물은 여기저기 아무데나 갈 수 있는데 그 물이 어쩌다 푸른 대나무숲 가를 흐르니 대숲이 가시고 있는 푸른빛을 띠게 되었어요. 물이 대숲의 푸른빛을 동경하였기에 푸른빛을 띠게 된 것입니다. 이리저리 흔들고 지나가는 것이 바람인데 바람의 소망은 향기를 담는 것입니다. 그런데 향기는 꽃에서만 나는 것이니 바람이 향기를 담으려면 꽃 속을 지나와야 합니다.

말하자면 대숲과 꽃은 하나의 환경을 상징하는 것이며 누리고자 하는 행복의 조건입니다. 우리가 물 혹은 바람이라고 생각했을 때 우리 사회는 푸른 대숲과 향기를 내뿜는 꽃밭이 많아야 합니다. 자신이 소망하는 대숲과 꽃밭은 누군가에 의해 만들어지는 것이면서 동시에 스스로 만들어나가는 것이기도 합니다."

내 앞에 벌어진 사회문제는 남의 문제가 아니요 남의 탓도 아님을 자각하라는 말씀이다. 내 한마음이 보태어져 이 사회에 향기를 낼 수 있고 밝고 푸른빛을 낼 수도 있음을 간과해서는 안될 일이다.

청화 스님은 푸른 솔처럼 풋풋한 청년정신을 지녔는가 하면 맑고 명징하고 담박하다. '저마다 삶이 어떻다 해도, 목숨은 끝내 흰 꽃을 피우는 것' 이라는 스님의 시 한 구절을 가슴에 새기고 싶다.

 # 현봉 스님

1974년 송광사에서 구산 스님을 은사로 득도. 1975년 송광사에서 구산 스님을 계사로 비구계 수지. 송광사, 해인사, 백련사, 통도사, 봉암사, 수도암, 칠불사 등 제방선원에서 수십 안거를 성만했다. 조계총림 유나, 조계종 중앙종회의원과 법규위원, 정광학원 이사, 송광사 주지 역임. 지금은 송광사 광원암에 주석하고 있다.
저서로 〈선에서 본 반야심경〉〈너는 또 다른 나〉 등이 있다.

앞을 보면 꼴찌지만
뒤돌아보면 내가 일등

　대지를 촉촉이 적실 정도의 이슬비가 내리는가 했더니 어느 사이 분말처럼 몽근 알갱이가 되어 내린다. 그러더니 장대비가 되어 포도 위에 타닥타닥 내리꽂힌다. 굵고도 촘촘한 빗줄기는 차창을 뚫고 들어 올 기세다. 비는 기어이 휴대폰의 문자까지도 눅눅하게 만들어 버릴 것 같다. 다행히 광원암의 현봉 스님과 통화할 수 있었다.

　송광사의 광원암으로 가려면 피안교彼岸橋를 지나야 한다. 피안교에 발을 들여놓는 순간 온갖 괴로움과 속박으로 가득한 차안此岸에서 벗어나 영원한 자유와 즐거움을 누리는 열반의 세계로 늘어가는 것이다. 피안교를 지나자 초록빛 가득한 편백나무 숲이 나왔다. 비에 젖은 편백나무는 생기 가득했고, 초록빛은 허락도 없이 객의 마음을 차시해 버린다. 편백나무의 푸른빛에서 강한 치유에너지가 느껴진다.

　광원암에 들어서면 햇절 냄새가 난다. 송광사보다 250년 정도 먼저 세워졌다고 하지만, 6·25동란으로 소실된 큰절의 불사를 위하여 온몸을 고스란히 내어준 것이다. 말하자면 연화문양의 기와며 백화百花가 새겨진 문짝이며, 오방색으로 단장한 대들보 등을 큰절을 복원하는데 무주상보시 한 것이다. 30여 년간 덤불 속에 묻힌 채 빈터로 남아 있었는데 1992년 현봉 스님의 원력으로 지금의 도량을 갖추었다. 광원암은 해우소를 갤러리처럼 꾸며놓았다 하여 인터넷에 소문이 자자하다.

광원암은 한국 간화선을 낳은 보금자리이다. 송광사 제2세 국사인 진각혜심眞覺慧諶 스님이 광원암에 주석했으며 이곳에서 종문宗門의 최고 저서인 선문염송집禪門拈頌集 30권을 펴내었다. 선문염송집에는 선가禪家의 옛 화두 1,225칙과 선사들의 긴요한 말씀이 담겨있다. 광원암의 지기地氣가 그러한지 현봉 스님 또한 선에서 본 반야심경 등을 비롯하여 선에 관한 책을 펴내었다. 스님이 광원암을 복원한 것은 예사롭지 않은 인연임에 틀림없다.

현봉 스님은 차를 한 잔 앞에 두고 수직으로 퍼부어대는 비를 감상하고 있었다. 어찌 비뿐이랴, 온몸으로 비를 맞고 있는 하얀 연꽃이며, 자줏빛 접시꽃이며, 노란빛 달맞이꽃도 눈에 담아내고 있겠지.

"꽃들도 보아주는 사람이 있어야 더 잘 자란다고 하잖아요. 좀 못 생긴 찻잔이라도 자꾸 '이쁘다, 이쁘다' 하면서 쓰다듬어 주고 칭찬을 하면 그릇도 환희심을 내어 윤이 나고 더 예뻐져요. 사람도 마찬가지입니다. 내 맘에 좀 들지 않더라도 잘한다면서 칭찬해주고 기를 세워주면 자신의 능력보다 훨씬 더 많은 능력을 발휘할 수 있어요. 저 꽃들도 내가 보아주어서 더 좋을 겁니다."

모든 참 생명은 연기에 의해 펼쳐진 것이며, 모든 존재들은 상호의존의 관계 속에 있다. 벌레 하나, 풀잎 하나, 한 송이 꽃도 우주의 근본 바탕인 절대의 참 생명으로부터 태어난 것이다. 그래서 스님의 눈에는 들판에 핀 한 송이 꽃도 그렇게 어여쁘게 보인다고 했다.

스님은 대학을 다니다가 참선이 하고 싶어 서둘러 입대하여 군복무를 마치고 출가했다. 이미 참선의 맛을 알고 출가를 하였기에 송광사, 해인사, 백련사, 통도사, 봉암사, 수도암, 칠불사 등 제방선원에서 수십 안거를 지냈다. 서른 해가 훨씬 넘는 세월동안 수좌로 살아 온 이력을 들어 화두참선 이야기를 듣고 싶다고 했더니 "산중에 있다가 잡혀 내려가 주지도 4년이나 했는데, 수좌가 아니라요." 하면서 손사래를 친다. '함이 없이 하는 것이 선'이라 했는데, 꼭 선방에서 가부좌 틀고 앉아있어야 선승이고 수좌인지 여기에 의구심을 품었다. 주지 소임 그 자체가 선방에서의 정진보다 더 큰 수행이었음은 틀림없지만 굳이 들어낼 것은 못 된단다.

현봉 스님은 몇 해 전에 송광사 주지소임을 맡아 여법하게 잘 해내었기에 아직도 사람들에게 회자되고 있다. 그때 송광사의 종무행정을 완벽하게 전산화시켜 제방을 놀라게 했다. 산중의 스님이지만 현대적 감각과 남다른 능력을 지니고 있음을 알 수 있다. 하지만 스님은 자신을 이렇게 표현했다.

"나는 산중에서 비탈밭이나 갈면서 농사짓고 사는 그런 사람이라요. 내가 보기엔 마을에 사는 사람들은 다 선지식인 것 같아요. 처자식 먹여 살려야지, 직장에서 살아남기 위해 고군분투해야지, 항상 배수진을 치고 사는 것과 같은데, 우리 같이 산중에 사는 사람들이 무슨 선지식인가요?"

스님은 출가한 후 3년 동안 원두 소임을 맡아 농사일에 온 정성을 기울였다. 농사만 지은 것이 아니라 밭두렁에서도 끊임없이 화두를 챙겼다. 초발심 시절부터 노동과 수행을 몸에 익혀 온 터라 지금도 시간만 나면 밭 갈고 풀 뽑는 일에 매달린다. 광원암을 둘러보면 토마토와 고추를 비롯하여 여름 내내 공양거리가 되는 푸성귀들이 자라고 있다. 쪽 고르게 줄 맞추어 자라고 있는 고춧대는 얼마나 늠름한지 모른다.

중국의 선종사찰들은 대부분 들판이나 산중에 있었기 때문에 탁발도 할 수 없을 뿐더러 일일이 장 봐다 나르는 것도 힘들었기 때문에 농사를 짓기 시작했다. 백장 선사의 **백장청규**도 한

못했을 터이다. 중국 선사들의 선문답을 보면 노동하는 가운데에서 나온 것들이 많다. 예를 들어서 찻잎을 따면서 위산영우 스님과 앙산 스님과 나눈 선문답을 보면 다음과 같다.

위산 스님이 찻잎을 따다가 앙산 스님을 보고 말했다.
"온종일 찻잎을 따면서 그대는 말소리만 들릴 뿐 그대의 모습은 보이지 않는구나."
앙산 스님이 차나무를 흔들자 위산이 말했다.
"그대는 작용만 알 뿐 본체는 얻지 못했구나."
그러자 앙산 스님이 "그대는 어떤가?" 하고 물었다.
위산 스님은 차를 따던 손을 멈추고 묵묵히 서 있었다. 그러자 앙산 스님이 말했다.
"스님은 본체만 얻었을 뿐 작용은 얻지 못했구나."
이어 위산이 말했다.
"그대에게 방망이 30방을 쳐야겠구나."

현봉 스님은 중국 선송에 대해서 좀 더 언급했다.
"중국에서는 낮에는 농사짓고 밤에는 참선하는 주경야선晝耕夜禪을 했어요. 그러다 비 오는 날이면 일을 못하고 방안에서 짚신을 삼는다거나, 바느질을 한다든가 그렇게 하면서 법거량도 하고 했겠지요. 우리나라의 구산선문九山禪門인 실상사, 보림사, 태안사 등도 그러했어요. 앉기 위해서 앉는 것이 아니라, 현실 세계에서 그만큼 힘을 받기 위해서 앉는 것임을 잊어서는 안될 것입니다."

옛날 조사스님들은 상황에 따라 친절하게 말하여 주거나 침묵하거나 몽둥이로 때리거나 아니면 딴청을 피우는 등 온갖 수단과 방법으로 학인을 단련시켰다. 조사스님들이 왜 그런 수단방편을 썼는지를 모르면 '어째서 그렇게 말씀하셨을까?' 하고 참구하여 기어이 그 뜻을 깨닫는 것이 화두참선이다. 이 참선수행을 위해서는 세 가지 요건을 갖추어야 한다. 첫째는 대신심大信心인데, 부처님의 말씀을 비롯하여 법에 대한 믿음이나 조사스님들에 대한 철저한 믿음이 있어야 한다. 둘째는 대분심大憤心이다. 과거의 한량없는 선지식들은 이를 깨달았건만 나는 아직도 무명의 업장이 두터워 이렇게 아직도 모르고 있다는 부끄러운 마음에, 이를 기어이 깨치고야 말겠다는 분발憤發하는 마음을 말한다. 셋째는 대의심大疑心인데, 화두에 대한 의심은 물론이고 경전이나 어록을 보면서 그 참뜻이 무엇인지 탐구해가는 것이다. 현봉 스님은 **천수경**의 개경게開經偈 속에 대신심, 대분심, 대의심 이 세 가지 요건이 다 들어있다면서 독송을 하되 허수로이 하지 말라고 했다.

無上甚深微妙法 무상심심미묘법

百千萬劫難遭遇 백천만겁난조우

我今聞見得受持 아금문견득수지

願解如來眞實意 원해여래진실의

"우주 처처에 불법佛法 아닌 것이 없듯이, 일체 모든 중생이 부처 성품을 지닌 부처이듯이, 팔만사천대장경은 마음 깨치라고 있는 것이니 높고 낮다는 간택심을 버려야 합니다."

송나라 때 대전요통大顚了通 화상의 대전화상주심경大顚和尙注心經을 현봉 스님이 번역하고 주석을 더한 책이 바로 선에서 본 반야심경이다. 사람들은 이를 두고 '현봉 스님의 수행과 지혜의 불꽃을 한꺼번에 드러낸 것'이라 한다. 불교경전과 한학에 대한 해박함은 어디에서 연유하는 것인지 여쭈었더니 속가의 할아버지 이야기를 들려주었다.

스님은 대여섯 살부터 속가의 할아버지 무릎에 앉아 한문을 배웠다. 할아버지는 자식들이 일본식 교육을 받는 것을 원하지 않았기에 스님은 할아버지가 직접 만든 교재로 한문공부를 했다.

"바람 부는 가지에 앉은 새는 그 꿈마서 위태롭구나… 어릴 때 무엇을 알겠어요? 그런데 할아버지는 어린 나를 붙잡고 이런 공부를 시켰습니다."

어린 손자에게 자신의 높은 학문을 쏟아 부은 할아버지, 어찌 보면 스님의 인생관과 사상관은 할아버지로부터 물려받은 것이며 어렸을 때 이미 형성된 것이 아닌가 싶다. 자신의 공부를 마음껏 펼치지도 못한 할아버지는 스님이 열한 살 되던 해 돌아가셨다. 스님은 할아버지가 돌아가시고 난 후에야 중학교에 진학하여 신식교육을 받을 수 있었다. 아주 오랜 세월이 지난 후 할아버지가 쓴 일기장을 발견했는데, 조부에 대한 은혜를 조금이라도 갚고자 그것을 책으로 펴내었다. 운옥재 문집에는 훔치고 싶은 아름다운 문장이 너무나 많다. 그중 한 구절을 여기에 소개한다.

花氣乘宵砌上高 화기승소체상고
滿山松籟聽殘濤 만산송뢰청잔도
꽃향기는 밤을 타고 섬돌 위에 오르고
온 산의 솔바람은 파도처럼 들려온다.

빗님은 수굿해질 기미를 보이지 않는다. 광원암에서 멀지 않은 곳에 진각국사 부도탑이 있다는데, 세차게 내리는 비 때문에 참배할 엄두도 내지 못했다. 빗물은 마당에 도랑을 이루면서 흘러가고 있다. '우르릉 쾅쾅~' 하고 내리치는 천둥번개 소리에 이야기가 잠시 중단되기도 했다.

어느 때보다도 말이 넘쳐나고 있는 시대이지만 그 말은 거칠거나 화려하기만 할 뿐, 사람들의 가슴에 감동을 주지 못한다. 이러한 시대에는 오히려 유마維摩거사의 침묵이 더 요구되는 것 같다. 현봉 스님은 유마거사의 침묵에 대해 조근조근 짚어주었다.

부처님 당시, 바이샬리에 유마거사가 있었다. 재가자였지만 그 수행은 제자들을 능가하는 훌륭한 분이었다. 어느 때 유마거사가 아프다는 소식을 들은 부처님께서 제자들에게 병문안을 갔다 올 것을 일렀다. 부처님의 십대 제자들을 비롯하여 여러 보살들이 병문안을 갔는데, 유마거사는 그들에게 불이법不二法을 법문했다. 이분법二分法적인 상대성을 초월한 절대의 진리에 대해 토론하며 하나하나 깨우쳐 주었다. 부처님의 뛰어난 십대 제자들도 유마거사의 법문 앞에 고개를 숙일 정도였다.

마지막으로 지혜가 뛰어난 문수보살이 불이법에 대해 답했는데, 문수보살은 불이법은 말이나 글로 표현할 수 없는 것이라고 했다. 그리하여 문수보살이 "이제 거사님께서 불이법에 대해 말씀해 보십시오." 하니 유마거사는 아무 말씀도 없이 침묵했다. 그때 문수보살과 대중들은 '유마거사가 불이법을 가장 훌륭하게 잘 설해주었다.'고 찬탄했다.

스님은 '유마거사의 침묵은 천수경의 첫머리에 나오는 정구업진언의 극치'라고 했다. 유마거사의 침묵은 자타自他, 시비是非, 선악善惡 등 상대적인 모든 것을 초월한 청정한 그 자리인 것이다. 현봉 스님은 끊임없이 분별하고 시비하는 그 마음을 두고 '중생들의 본래 근원'이라 했다.

"일체의 모든 법이 다 같이 마음으로 돌아가니 만법은 바로 이 마음의 다른 이름입니다. 나누어 보면 팔만사천이요 넓히면 무궁무진하니, 마음이 생기면 온갖 법이 생겨나고 마음이 없어지면 온갖 법이 없어지는 것입니다."

대진 화상은 '수미산을 꺾어서 붓을 삼고 바닷물을 갈아서 먹을 만들어 이 마음 심心 한 글자를 표현하여 써보려 할지라도 능히 다 쓸 수 없는 것'이라 했다. '이 마음이 바로 부처이며, 이 마음이 부처를 이룬다는 것'을 믿지 않기에 미혹한 중생일 수밖에 없는 것이다.

중생들은 '나'라는 집착 때문에 끝없는 탐욕과 번뇌망상을 일으키고 온갖 업을 짓게 되며 스스로 얽매어 고통을 받게 되는 것이다. 이 끝없는 번뇌망상의 실체를 깨달아 그 굴레를 벗어나겠다는 것이 번뇌무진서원단煩惱無盡誓願斷이란다. 우리가 발심을 하게 되는 까닭은 중생살이의 고통 때문이며, 그래서 구경究竟에는 중생의 고통을 건지는 것이 그 목적이 되는 것이다.

현봉 스님은 송광사 주지 소임을 맡았을 때 무척이나 공사다망公私多忙했을 터인데도 자가용을 마련하지 않고 대중교통을 이용했다. 지금도 자가용 없이 서울로, 어디로 법문을 다닌다. 스님은 털신 한 켤레면 지구 어디라도 못 갈 데가 없다. 산중에서 농사 지으면서 안빈낙도安貧樂道를 즐기는 현봉 스님께 요즈음의 사회 현실에 대해 진단을 부탁했다.

"사람들은 모든 것을 경제논리로 풀어나가는데 여기에는 반드시 한계가 있습니다. 물질로만 모든 것이 해결된다면 부처님께서 전륜성왕이 되어 복지법으로 사람들을 구제했을 것입니다. 하지만 부처님은 유위법으로는 생로병사를 그리고 세상의 많은 문제들을 해결할 수 없음을 절감했기에 모든 부귀영화를 버리고 출가의 길을 택한 것입니다. 부처님의 출가는 부富나 빈貧에 구속받지 않고 자유롭게 살겠다는 의지이며, 상대적인 것에 이끌려 살지 않겠다는 의미입니다. 팔풍八風은 끝없이 불어오고 중생계의 번뇌는 끝이 없어요. 사바세계란 고통을 참으면서 안으로 반조하라는 것입니다. 세상은 앞을 보면 내가 꼴찌라, 그런데 뒤돌아보면 내가 세상에서 일등인 것이라. 마음을 되돌리면 88만원도 청빈낙도가 되지요. 경제가 어렵다고 하지만 사람들은 상대적인 빈곤에 허덕이기 때문에 항상 가난하다고 느끼는 것입니다. 인간의 욕망은 채워질 수 없는 것이기에 보살행을 하겠다는 맹서를 날마다 해야 합니다."

어려울 때일수록 부처님의 출가 정신을 되돌아보라는 말씀 참으로 귀하다. 부처님은 물질로서 얻은 행복은 영원하지 않음을 매순간마다 법문해 주고 계시는데 우린 듣지 못하고 있는 것은 아닌지? 듣긴 듣되 마음에 들여놓지 못하는 것일까?

허공의 본바탕에는 색色을 놓아두려 하여도 공空은 색色을 받아들이지 않고, 소리를 놓아두려 하여도 공空은 소리를 받아들이지 않는다고 했던가?

혜담 스님

1949년 울산 출생. 범어사에서 광덕 스님을 은사로 득도. 동국대학교 불교대학 승가학과 졸업. 해군 군종법사 대위로 전역. 일본 불교대학 대학원 석사과정 수료. 선우도량 공동대표, 조계종 총무원 호법부장과 재심호계위원 역임. 지금은 검단산 각화사 주지이며 재단법인 대각회 이사로 있다.

역·저서로 〈반야경의 신앙〉〈반야불교 신행론〉〈대품 마하반야바라밀경〉〈방거사어록 강설〉〈한강의 물을 한 입에 다 마셔라〉〈행복을 창조하는 기도〉 등 다수가 있다.

본래 갖추어진 불성을
그대로 내어쓰는 참다운 기도

　검단산 깊은 골에 자리 잡은 각화사는 신선이 사는 곳이다. 소나무와 굴참나무들이 울울창창하여 빛살이 쉬이 내려앉을 수 없을 정도로 그늘져 있다. 이런 곳에 절이 있기나 할런지 의구심을 품고 몇 구비를 돌고 돌았다. 저 멀리 단청을 입힌 당우가 얼핏 눈에 스친다. 그제야 마음을 놓을 수 있었다. 골이 깊어서 바람과 구름이나 쉬었다 가는 이곳에 바랑을 내려놓은 스님의 마음을 헤아려본다. 아마도 견성하고야 말겠다는 분심 하나로 이곳에 터를 잡았을 것만 같다.

　가화사에 들어서면 바깥소식은 귓등 밖 소식으로 들릴 것 같다. 혜담 스님의 거처에 발을 들여놓는 순간, 가슴에서 무언가가 '쿵' 하고 떨어져 내리는 느낌이었다. 단단하게 뭉쳐놓은 혹은 허술하게 꾸려놓은 마음의 보따리가 저 낭떠러지 아래로 하염없이 떨어지는 그런 느낌이었다고나 할까. 먼저 자리를 차고 앉은 푸른 소나무와 구름과 산이 머릿속의 생각들이 부질없음을 말해주고 있다. 아, 선계仙界에 발을 들여놓았구나! 통유리를 통해 보이는 풍광은 더욱 선명해 보였다. 산 너머의 산 그리고 또 산 너머의 산이 겹겹이 두르고 있다. 눈에 보이지 않는 산 너머의 그곳에 가 닿고 싶은 유혹을 불러일으킨다.

혜담 스님은 선방 수좌이면서도 학문 연구에도 열정을 바친 분이다. 불광법회를 만들고 불자들의 문사수聞思修 교육에 열과 성을 바친 은사인 광덕 스님을 가까이서 모셨다. 스승의 사상대로 살려고 노력하다 보니 자연스럽게 '마하반야바라밀'을 이어받았다. 스승은 영민한 혜담 스님을 상좌로 도반으로 생각하였고 많이 아꼈다. 광덕 스님은 반야바라밀을 '일체 허망을 깨뜨리고 진실만이 온전히 드러난 궁극적 진실이며, 영원히 변치 않는 궁극적 실체이며, 실상생명'이라 했다. 혜담 스님은 '마하반야바라밀' 연구를 위해 일본으로 건너가 3년 동안 경상 앞에서 밤을 낮 삼아 공부하였다. 그 공부를 이어 방대한 대품 마하반야바라밀경을 번역하기도 했다.

불교와의 연이라면 초등학교 6학년 때 도덕교과서에 실린 설산동자이야기가 될 수 있겠다. "사람은 나도 언젠가는 죽고 꽃은 피어도 곧 진다. 이것은 생명 있는 것들이 피할 수 없는 운명인 것이다." 이런 내용이 있었는데 아무리 생각해도 이해할 수가 없었다. 담임선생님께 묻고 싶었지만 어린 마음에도 선생님도 틀림없이 모르실 것 같다는 생각이 들었단다. 이 문구를 오랫동안 가슴에 품고 있었는데, 출가를 하고 보니 그 이야기가 나와 있더란다. 스님은 전생에 아뢰야식 속에 남아 있던 그것이 큰 의문으로 작용한 것이라 여겼다. 고등학교 때 불교학생회 활동을 했었고, 그때 불교신문도 받아보았다. 그래서 대한불교조계종이 전반적으로 어떻게 흘러가는지도 알고 있었다. 고등학교를 졸업하고 1년 남짓 직장생활을 하다가 그대로 출가해 버렸다. 출가하고 보니 속가에서의 이런저런 인연들이 출가를 위한 디딤돌로 작용했다는 생각이 들었다.

동국대학교를 졸업하고 그 다음 날 걸망을 매고 칠불암 선방으로 갔다. 졸업식 하고 바로 그 다음 날 바람같이 쌩 하고 칠불암을 찾았으니 선수행에 대해 얼마나 목말라했는지 알 수 있다. 종정을 지내신 혜암 스님으로부터 '구자무불성'狗子無佛性 화두를 탔다. 화두를 참구한 지 40여 년이 되니 구멍 난 좌복을 몇 개나 버렸는지 모를 일이다. '마하반야바라밀' 그 자리를 보는 데 출가하고 40년이 걸렸다면서 스님은 자신의 공부를 뒤돌아보는 것으로 법문을 열었다.

"공부에 있어 가장 큰 착오는 '내가 불성을 알고 있다'는 것입니다. 행자 때부터 강원에서부터 '불성이 무엇인지'를 수없이 들어왔어요. 불성이 무엇인지 사상적으로 아니까 불성이 뭔지 진실 되게 의심을 해본 적이 없어요. 그런데 자신이 불성을 이미 알고 있다고 생각했는데, 나중에 보니 불성을 모르고 있더군요. 부처님의 불성은 불생불멸이라, 있고 없고를 떠난 세계입니다. 불성이 무엇인지 머리로는 알겠지만, 불성 그 자리를 보지 않고는 알지 못하는 것입니다. 불생불멸을 모르는데 어떻게 불성을 알겠어요? 부처님의 불성이 곧 내 마음입니다. 불성은 있는 것도 아니고 없는 것도 아니듯이, 우리는 있고 없고를 떠나있는 존재입니다."

화두란 의심이다. 온몸이 전체로 그 문제와 하나가 되어 나아갈 수도 물러설 수도 없는 상태가 의심이다. 의심이란 간절하게 생겨야 하는 것인데 억지로 의심을 불러일으키고 있는 것이 오늘날 한국 불교계의 문제점이라고 지적했다.

"수좌들 중에도 '구자무불성狗子無佛性'을 화두로 들고 있는 이들이 많아요. 무문관 제1칙에 이미 구자무불성에 대해 '있다 없다'를 떠난 세계라고 답을 해놓았어요. 화두는 의심인데, 이미 알고 있는 화두를 잡고 있으니 공부가 되는지 의심스러워요."

스님의 거침없는 말씀은 오랜 세월 치열하게 자신의 공부를 챙기고 점검한 데서 나온 것이기에 진실하다. 좌복에 구멍이 나도록 수십 년간 화두를 참구하다가 그만 뇌혈관이 터져버린 일이 있었다. 이태 전의 일이다. 선객이 화두가 터져야 할 일인데 뇌혈관이 터져버렸으니 암담하고 난감한 것은 이루

말로 다 표현할 수 없었다. 마음을 관하기 위해 머리를 너무 혹사시켜버렸으니 자신의 공부에 문제점이 있음을 절감한 사건이기도 하다.

본래가 공이고 마하반야바라밀인데, 머리는 어디에 있으며 터질 머리는 또 어디 있는가? 자신의 공부를 돌이켜보았다. 광덕 스님의 마하반야바라밀 법문을 다시 들여보았다. 출가하고서부터 공을 깨닫기 위해 화두에 매달렸을 뿐, 기도에 대해 그다지 달갑지 않게 생각해 온 터이다. 그런데 "불자의 수행은 기도와 함께 시작된다."는 은사 스님의 그 말씀이 비로소 이해가 되었다. 광덕 스님의 법문 중 마하반야바라밀에 관한 법문만을 뽑아서 행복을 창조하는 기도라는 책을 내었다.

"마하반야바라밀에 관한 법문을 책으로 엮는 5~6개월 동안 '마하반야바라밀' 화두가 절로 들리더니, 어느 날 마하반야바라밀 그 자리가 보이데요. 조사스님들이 '견성하라'고 '마음을 보라'고 왜 그렇게 절실하게 당부했는지도 알겠더군요."

마음자리를 보았더니 허공처럼 생겼더란다. 허공은 지구가 생기기 이전부터 있었듯이 우리 마음도 지구 이전부터 있었다. 허공은 불생불멸이요, 불구부정이요, 부증불감이다. 허공은 나지도 않고 멸하지도 않으며, 더럽지도 않고 깨끗하지도 않는 절대청정이며, 원만구족하여 늘지도 않고 줄지도 않으며 모든 것을 다 갖추고 있다. 즉 내 마음이 본래 허공과 같기에 이미 모든 것을 갖추고 있다는 것이다. 허공과도 같은 내 마음을 깨닫는다면 그것을 '내어 쓰면' 된단다.

스님의 말씀을 전혀 이해 못하는 것은 아니지만, 그렇다고 이해하는 것도 아닌 그런 상태의 내 마음을 보셨는지 갑자기 질문이 날아왔다.

"불생불멸을 이해할 수 있겠는가? 생기는데 왜 생기지 않는 것이며 멸하는데 왜 멸하지 않는가에 대해 말할 수 있겠는가?"

"예, '에너지 보존의 법칙' 혹은 '질량불변의 법칙'을 떠올리면 불생불멸을 조금은 이해할 수 있습니다."라고 답했다. 혜담 스님은 나의 대답에 긍정도 부정도 아니하시고 전깃불을 예로 들어 법문을 이어갔다.

"음극과 양극이 합해져서 불이 켜지잖아요. 전등불은 1초에 60번 깜빡거리는데도 우리 눈에는 필름이 돌아가듯이 계속 연결되는 것으로 보여요. 말하자면 1/60초 동안에 전극이 붙어있다, 떨어졌다를 반복하는 가운데 전깃불이 켜져 있는 것입니다. 그런데 우리는 지속적으로 붙어있는 것으로만 인식하고 있지요. 하지만 전기가 없는 1/60초 그 순간에 무엇이 있는가? '에너지 불변의 법칙'에 의하여 그 사이에 없는 그 순간이 있습니다. 우리는 '없는 것이 있는 그 순간'을 알아야 합니다. 있는 순간에도 있고, 없는 순간에도 있는 것이 부처입니다."

있는 것도 아니고 없는 것도 아닌 것, 생각으로 헤아릴 수 없는 것이기에 오랜 세월동안 선객들의 화두가 된 것이 아닌가. 범부들은 있다는 세계와 없다는 세계만을 인식하는데, '있다 없다'를 초월한 그 세계가 있음을 믿어야 한단다. '없는 것이 있는' 그 순간을 볼 줄 알아야 하며, 그것이 공空이란다. 가령 예를 들면 이런 것이다. 우리는 죽으면 없다고 하지만 죽으면 살아있는 것이 없어진 것이다. 죽음도 삶의 한 부분이기 때문이다. 도장에 비유한다면 살아있는 것은 양각이요, 죽어 있는 것은 음각이다. 죽음이 있기 때문에 삶이 있는 것이며 삶이 있기 때문에 죽음이 있는 불이不二의 관계를 기억해야 할 일이다.

'마음은 허공과 같아서 무한정으로 내어 쓸 수 있다.'는 그 말씀이 이해가 안된다고 여쭈었다. 그때 새 한 마리가 창공을 거침없이 날아가고 있었다. 스님은 새를 가리켰다.

"가장 쉽게 설명하자면, 성경에 '저 하늘을 보아라. 저 새들이 언제 먹는 것을 걱정하더냐, 하늘의 새가 잠자리를 달라고 하던가. 그런데 여호와가 다 준다.'는 대목이 있어요. 이것을 불교식으로 바꾸면 '저 하늘을 보아라. 저 새들이 언제 먹는 것을 걱정하더냐, 하늘의 새가 잠자리를 달라고 하던가.

그런데 이미 다 불성이 갖추어져 있다.'가 되겠지요. 이 말은 태어날 때 내가 불성을 다 가지고 나왔다는 이야기입니다. 갖추어진 불성을 그대로 내어 쓰면 돈이 생기게 되어 있고 밥이 생기게 되어있고 건강이 생기게 되어 있어요. 이것이 기도입니다.

여기서 한 가지 짚고 넘어갈 것은 새는 가만히 있지 않고 본성에 따라 먹이를 찾아 움직인다는 것입니다. 가을이면 남대천에 연어가 올라오는데 이때 수많은 새들이 본성적으로 알고 몰려옵니다. 우리도 본성을 보면 본성자리에 서게 됩니다. 본성자리에 서면 본능적으로 돈이 있는 곳을 알고 명예가 있는 곳으로 가게 되어요. 이것이 기도입니다. 광덕 스님의 이 법문은 이론적으로 완벽합니다. 잘 살고 싶어도 부처님께 기도해야 하고, 저쪽 세계를 보고 싶어도 부처님께 기도하면 됩니다."

'내어 쓴다'는 깊은 뜻을 알고 싶었는데 스님의 말씀을 듣고 나니 오히려 안개 속을 걷는 느낌이다. 스님은 한때 장안의 지가紙價를 올렸다는 시크릿이라는 책을 읽어보았느냐고 물었다. 고개를 끄덕였더니, "이 책은 불교의 '일체유심조'를 차용하여 일반인들이 아주 이해하기 쉽게 설명해 놓았어요. 그런데 광덕 스님께서 설한 마하반야바라밀 법문도 이와 똑같은 것이에요." 했다.

물신物神주의 시대이다 보니 종교가 물신교가 되고 기도가 점점 더 기복화 되어가고 있음을 우려하였다. 기도를 통하여 무언가 바깥에서 구하려는 기도는 불교적인 기도가 아니란다. 내 안에 있는 것을 '내어 쓸' 줄 아는 기도가 진정한 기도란다. 기도에 대한 개념이 깨어지는 순간이다.

"가장 편하게 할 수 있는 기도가 아침에 **금강경**을 일독하는 것입니다. 금강경에는 부처님 속에 들어가서 부처님의 공덕을 내어 쓸 수 있는 그 모든 것이 갖추어져 있어요. 관세음보살 기도를 할 때 우리 불자들은 자연적으로 관세음보살이 '나를 낫게 해줄 것이고 나에게 열쇠를 줄 것'이라고 믿고 기대하고 있는 그 마음을 버리지 못합니다. 그런데 이젠 기도의 자세가 바뀌어야 해요. 내가 관세음보살의 능력을 지니고 있다는 믿음이 있어야 하는 데 이것이 불교에서 말하는 기도입니다. 나를 관세음보살화 하여 내 안에 관세음보살이 지닌 모든 것이 갖추어져 있어 그것을 '내어 쓴다'는 믿음이 온전하게 있어야 합니다. 100% 믿는다면 새가 먹이를 찾아가듯이 자신이 원하는 곳으로 저절로 가게 되어 있어요."

임제 스님이 '수승한 것을 구하지 않아도 저절로 수승함이 온다.'고 했듯이 불성자리를 익히게 되면 내가 누리고 있는 것이 저절로 오게 되어 있단다. 기도란 '내 생명에 넘쳐 흐르는 진리가 드러날 수 있도록' 하는 것이라는 스님의 말씀 온

전하게 받아들일 것이다.

각화사覺華寺라는 사명寺名에는 '삼라만상이 그대로 깨달음의 꽃이요, 일체중생이 바로 진리가 현현顯現한 꽃'이라는 의미가 담겨있다는데, 스님의 사상과 참으로 일치하는 사명이다. 저 뜰 앞의 한 송이 꽃만이 아름다운 것이 아니라 진리를 담은 한 송이 꽃과도 같은 '나' 그리고 '너'도 아름다운 것이다.

눈에 보이고 귀에 들리는 것을 최상의 가치로 삼고 있는 요즈음의 사람들에게는 깨달음이 중요하지 않게 여겨지고, 불성 혹은 영성이 중요하지 않게 생각되어진다. 불성, 깨달음을 몰라도 잘 살 수 있고, 돈만 잘 벌면 생의 문제와 고민이 해결될 것만 같다. 하지만 아무리 잘 먹고 잘 살아도 근원적으로 불안과 초조감, 그리고 나를 억압하고 있는 것으로부터 벗어날 수는 없다. 이러한 억압, 불안, 부자유, 박탈감을 해결하고 실상 자리에 가는 것이 더 실질적이고 더 가치 있다는 것이 스님의 가르침이다.

"내 본래 마음자리가 부처 자리인데 그 마음자리에 가면 다 보여요. 본래 그 자리에 가 있기 때문에 불안 초조가 없으며, 현실적인 것이 오히려 다 보이고 들립니다. 그야말로 배고프면 밥 먹고 잠 오면 잠자고 마음 편한 삶이 되지요."

수행이란 찬물인지 더운 물인지 직접 마셔보아야 하는 것,

스님의 말씀도 스스로가 깨닫기 전에는 맛볼 수 없는 세계이다. 스님은 "저마다 환한 부처 꽃을 들고 있는 부처생명임을 무조건 믿어라. 믿고 행하다 보면 저절로 감응이 오게 되어 있다."고 한다.

세상은 순간적으로 생하고 멸하면서 존속하고 있다. 이 세상은 찰나찰나 변화의 흐름 속에 있는데 우리는 고정되어 있는 것으로 보고 있다. 이 세상의 만물이 1초도 머물지 않고 흘러가듯이, 우리는 순간만 살고 있다. 저 나무도 내 몸도 나도 너도 순간만을 살고 있기에 다시 말하면 매순간 새롭게 살고 있는 것이다. 순간순간 생성 소멸하면서 존재케 하는 것이 부처생명이다. 저 뜰 앞의 잣나무도 순간을 살아내고 있기에 부처생명인 것이다. 이 모든 것이 순간순간 생성소멸하면서 사는 것이 덧없어 보인다. 그런데 '덧없다 하면서 사는 것' 또한 진실이란다. 이쯤 되면 부처생명에 '귀하다, 천하다'는 이름이 붙기 이전에 나에게 주어진 부처생명이기에 그냥 묵연히 살아낼 수밖에 없는 것이 아닐까.

이젠 선계仙界에서 내려가야 할 시간이다. 옷자락에 묻어올 것 같은 안개도 그 자리에 두고, 마주했던 소나무도 그 자리에 두고, 휘장처럼 겹겹이 둘러쳐진 산도 그 자리에 두고 산문을 나섰다.

바람이 꽃밭을 지니오면

초판발행 · 2013년 5월 15일 | 지은이 · 문윤정
펴낸이 · 김동금 | 펴낸곳 · 우리출판사 | 주소 · 서울특별시 서대문구 충정로3가 1-38호
등록 · 제9-139호 | 전화 · (02) 313-5047 5056 | 팩스 · (02) 393-9696
E-mail · wooribooks@hanmail.net |
ISBN 978-89-7561-313-5 03220
정가 13,000원